AF500067

ESSAI ÉLÉMENTAIRE

SUR L'ART DE

L'ÉQUITATION

PAR

M. LOUIS-CHARLES PELLIER

ANCIEN PROFESSEUR A L'ÉCOLE ROYALE DE PARIS

TROISIÈME ÉDITION

PUBLIÉE PAR FRANÇOIS LE BLANC

SON ÉLÈVE

> L'équitation est ce qu'un jeune prince apprend le mieux, parce que son cheval ne le flatte pas.
>
> PLUTARQUE.

PARIS

AU MANÉGE DE M. F. LE BLANC

42, FAUBOURG MONTMARTRE, 42

1858

ESSAI ÉLÉMENTAIRE

SUR L'ART

DE L'ÉQUITATION

PARIS. — IMP. SIMON RAÇON ET COMP., RUE D'ERFURTH, 1.

ESSAI ÉLÉMENTAIRE
SUR L'ART
DE L'ÉQUITATION

PAR

M. LOUIS-CHARLES PELLIER

ANCIEN PROFESSEUR A L'ÉCOLE ROYALE DE PARIS

TROISIÈME ÉDITION

Publiée par François LE BLANC

SON ÉLÈVE.

L'équitation est ce qu'un jeune prince apprend le mieux, parce que son cheval ne le flatte pas. (PLUTARQUE.)

PARIS

CHEZ M. F. LE BLANC

A SON MANÉGE, 42, FAUBOURG MONTMARTRE

1858

A Monsieur François LE BLANC,

PROFESSEUR D'ÉQUITATION.

Mon Ami,

La première édition de mon livre, intitulé *Essai élémentaire sur l'art de l'Équitation*, publiée en 1823, étant épuisée, je cède à vos désirs et vous autorise à faire une seconde édition, persuadé que je suis qu'une théorie raisonnée peut être utile à l'élève qui reçoit des leçons de théorie pratique comme celles que vous donnez.

Je suis

Votre serviteur et ami.

L. C. PELLIER.

AVANT-PROPOS

CONTENANT

Quelques Observations faites en 1815 sur la décadence de l'Art de l'Équitation.

Tant que les directeurs des manéges se son appliqués à propager les principes qu'ils avaient reçus, ils ont conservé à leur école l'avantage de former encore des élèves recommandables ; mais, depuis qu'ils se sont contentés de satisfaire le public en cédant à ses désirs, il n'a plus été fait de différence entre un professeur et un casse-cou qui a osé s'annoncer comme maître d'équitation ; et les jeunes gens ont préféré des leçons qui les amusent à celles qui les instruisent.

Dès lors les entrepreneurs de manéges qui cherchaient à entretenir dans leur école l'usage des vrais principes, ne pouvant résister aux pertes que leur causait la désertion des élèves, furent obligés de céder au torrent de la mode, et la décadence devint complète.

A l'époque (1810) où le gouvernement est venu au secours des écoles d'équitation, il aurait peut-être été possible de rétablir ce qui avait été détruit; mais on prit le prétexte du peu de temps que les jeunes gens pouvaient employer à leur cours, pour persister dans l'usage désorganisateur de l'art.

Le moment semble favorable au rétablissement des vrais principes. Une nouvelle génération se présente dans les écoles; osons la soumettre à une discipline nécessaire au développement des principes d'un art qui, autrefois, faisait honneur à notre nation et y attirait nos voisins, particulièrement les Anglais.

Nous ne nous dissimulons pas qu'il faut du courage pour entreprendre cette tâche; qu'il faut s'attendre à de grandes oppositions de la part des amateurs de la mode; que nous devons nous préparer à voir déserter les jeunes gens qui ne viennent au manége que par désœuvrement; mais ce sera une perte légère, bientôt réparée par la confiance que nous accorderont les parents qui, en nous donnant leurs enfants à instruire, reconnaîtront que notre école est fondée sur les principes qu'ils ont eux-mêmes reçus.

Il est d'autant plus urgent de s'occuper de l'amélioration des écoles, que celle de Versailles se réorganise sous les yeux de grands maîtres, et qu'on ne tardera pas à faire des comparaisons.

Nous devons faire connaître la leçon qui se donne aujourd'hui, pour indiquer la cause désorganisatrice qu'il est essentiel de détruire.

Lorsqu'un élève se présente, s'il annonce que déjà il a monté à cheval, il est de suite admis à la leçon commune ; j'entends une reprise composée de plus ou moins d'élèves, quelquefois jusqu'au nombre de vingt-cinq, et le manége est plus que plein. Ainsi on généralise les avis ; en prend qui veut. Aussi, en quinze jours ou un mois, l'élève a monté tous les chevaux du manége, et il croit avoir fait un cours. S'il n'a pas appris à conduire tous les chevaux qu'il a montés, il a du moins appris à aller à cheval, et, s'il demande à être conduit en promenade, on se garde bien de le refuser ; on se contente de lui donner un cheval pacifique, et il rentre, persuadé qu'il en sait autant qu'on peut en apprendre. Aussi ne parle-t-il plus du manége qu'avec dédain.

Si l'élève qui se présente avoue qu'il ne sait rien, on monte à cheval auprès de lui, en lui faisant suivre la reprise, et en deux leçons il est aussi avancé que les autres.

Quand il se trouve des élèves qui continuent à venir au manége pendant plusieurs mois, c'est toujours la même leçon qu'ils reçoivent, à moins qu'ils ne demandent à monter le sauteur, qui se trouve souvent trop fort, ce qui les guérit de cette fantaisie ; aussi restent-ils persuadés que c'est la force qui fait la science.

Nous éprouverons de grandes difficultés maintenant à obtenir de nos élèves d'être mis à la longe ; il faut pourtant en revenir à cette méthode.

Comment, en montant à côté de votre élève, pouvez-vous voir si sa position est bonne? Comment, en supposant que vous l'aperceviez se déplacer, ferez-vous pour le remettre, puisque vous êtes obligé de suivre la reprise? Il vous faudra donc le laisser prendre confiance dans une fausse position et le fatiguer sans l'instruire ;

aussi, dès que vous supposez qu'il ne tombera point, vous le laissez suivre les autres.

Vous inspirez plus de confiance à votre élève en le tenant à la longe ; il n'aura à s'occuper que de vous et de son cheval, tandis que de l'autre manière la crainte qu'il a d'abord de son cheval, du vôtre et de tous ceux de la reprise, le rend sourd aux avis que vous lui donnez ; et, si vous réfléchissez que, lorsqu'il est fatigué, ne pouvant le faire arrêter, vous en faites un patient qui trouve la leçon trop longue, et souvent se dégoûte d'un exercice qui le fatigue sans lui donner d'agrément, vous conviendrez qu'il est préférable de le mettre à la longe.

Le tenant ainsi, s'il se déplace, vous pouvez le faire arrêter et lui expliquer en place ce qu'il doit faire, comme vous pouvez aussi, à l'aide de la longe et de la chambrière, rendre le cheval plus facile à conduire, d'après vos avis ; ce qui inspire la confiance au cavalier.

Cette leçon, nécessaire pour obtenir une bonne position, doit être continuée sur différents chevaux, jusqu'à ce que l'élève ait acquis de l'assurance et qu'il sache conduire son cheval sans le secours de la longe.

Je pense que la selle à piquer nous serait utile en en faisant usage sur les chevaux de longe, alternativement, et qu'un ballotteur, dans les piliers, est nécessaire entre les leçons à la longe, pour assouplir l'élève.

La selle à piquer, en fixant les cuisses et en soutenant la ceinture, aide à faire relâcher les articulations, toujours tendues dans un débutant qui se croît la force nécessaire pour imposer à son cheval.

Cette leçon formera la première classe ; ensuite nous ferons passer les élèves à la seconde. Elle se composera de l'allure du trot, pratiquée par le droit, plus ou moins longtemps, selon qu'ils prendront de l'assurance sur des chevaux durs et moins faciles à conduire.

C'est à cette leçon que les principes peuvent être généralisés, pourvu que ce soit par démonstration ; et, pour s'assurer des progrès des élèves, ils devront être quelquefois mis en tête de reprise, afin de pouvoir agir d'eux-mêmes et apprendre à conduire leur cheval sans le secours d'un chef de file.

Cette leçon, qui composera la seconde classe, doit avoir aussi son sauteur, qui sera un peu plus fort que celui de la première classe : c'est sur ce sauteur que l'élève doit prendre connaissance des ressources de l'assiette, pour obtenir de son cheval plus d'appui sur ses hanches et plus d'élévation dans son bout de devant : on le préparera par ce moyen à la leçon qui doit suivre, je veux dire la leçon de la troisième classe.

Celle-ci mérite une attention particulière, et je suis forcé d'indiquer une erreur qui s'est introduite depuis longtemps, et qu'on ne pense pas à redresser. On ne distingue pas les chevaux dits de galop par leurs qualités propres à cette allure, mais par leur bonne volonté ou leur routine; de manière que le cheval fait de lui-même ce que l'écuyer indique, sans que l'élève soit obligé d'y mettre du sien; ou, si ce dernier essaye de faire quelque chose, le cheval se défend; il faut ajouter que la reprise du galop est toujours précédée d'une longue reprise au trot, pendant laquelle les cavaliers se sont fatigués et les chevaux se sont mis sur les épaules, de manière que les uns et les autres ont perdu leurs facultés. Aussi voir un galopeur dans le manége, ou un cheval de poste, c'est à peu près la même chose.

Il vaudrait beaucoup mieux préparer l'élève à embarquer son cheval au galop, en lui faisant faire un tour au pas rassemblé, ensuite un tour au trot aussi rassemblé et cadencé, de manière à lui faire concevoir que son cheval ne doit agir que par l'impulsion des aides, et que le galop de manége est une allure forcée, provoquée par l'opposition de la main et des jambes aidées de l'assiette, et, à mesure que ses moyens se développeront, lui apprendre à enlever son cheval du pas au galop, comme à l'arrêter du galop au pas, et en place.

Voilà notre élève en état de se faire voir dehors sans nous exposer à la critique. Cependant il est essentiel qu'il soit encore dirigé, et qu'il apprenne que le cheval doit être plus à son aise par le droit, et que les allures doivent être plus étendues. Ainsi donc il doit prendre quelques leçons du dehors.

Si on ne change pas l'organisation des manéges, il restera peu de choses à enseigner, puisqu'il n'existe plus de haute école. Aussi, comme les écuyers ne se piquent point de faire montre de science en montant dans leur école des chevaux mis aux grands airs, ce qui était un but d'émulation pour leurs élèves, on ne voit plus les amateurs venir passer plusieurs heures dans les manéges, où ils parlaient avec enthousiasme de ces chevaux dont la renommée a conservé le souvenir.

Ce sera donc en faveur des élèves sortant de la troisième classe qu'on rétablira la haute école. On pourra alors leur apprendre à connaître tous les ressorts du cheval, en le leur faisant mener l'épaule en dedans, et de deux pistes, puis à courbettes, etc. Cette leçon les disposera à apprendre à débourrer de jeunes chevaux et à les ajuster.

Considérons maintenant cette classe sous les rapports de l'art. N'est-il pas douloureux de penser que les jeunes gens qui se destinent à enseigner un jour les principes d'un art aussi utile ne les connaissent que superficiellement, et que, n'étant que casse-cou, ils ne s'en croient pas moins très-bons écuyers?

A l'aide de chevaux de tête, on établirait un point d'émulation entre les élèves-écuyers, qui eux-mêmes auraient à concourir avec les élèves payants.

Ce serait à la suite de la leçon de haute école

qu'on pourrait admettre l'usage de la selle anglaise; l'éloignement où se trouverait l'élève de cette précision qu'on n'obtient que sur la selle française lui ferait connaître qu'elle doit être préférée sur les jeunes chevaux, jusqu'à ce qu'ils soient en confiance; et, comme il ne tardera pas à se familiariser avec cet équipage à la mode sans perdre ce qu'il aura appris, il conviendra et publiera que tout homme montant bien à la française peut monter à l'anglaise avec succès; tandis que celui qui n'aura jamais fait usage que de la selle anglaise se trouvera difficilement placé avec grâce sur un cheval équipé à la française.

Il est depuis longtemps reconnu que la manière de monter à cheval à la française n'admet point de médiocrité, tandis que la méthode anglaise peut être pratiquée par tout le monde sans encourir la censure; aussi, en dépit des accidents sans nombre qu'elle occasionne, elle a prévalu et se maintiendra de mode jusqu'à ce que la persévérance des écuyers français puisse rendre à leur art cette prééminence qu'il n'a perdue que par suite des circonstances.

Il me reste à indiquer les moyens de rétablir

les classes. — Le premier, qu'il sera peut-être difficile d'employer d'abord, serait d'ajouter aux manéges trop petits pour faire deux classes à la fois un local propre à la leçon de la longe.

Le second serait de nous servir de ce que nous avons, en soumettant les élèves à une heure fixe. Ainsi la première heure, à l'ouverture de l'école, sera consacrée à la leçon de la longe, et de même la première heure de relevée. Immédiatement après cette classe on commencera la seconde, qui peut durer une heure et demie; de sorte que, dans les jours les plus courts de l'année, ayant quatre heures le matin et quatre heures de relevée, il nous restera une heure et demie pour la troisième classe.

Afin que les élèves, par inexactitude, ne dérangent pas l'ordre des classes, il faut, au lieu de leur indiquer l'heure à laquelle doit commencer la leçon, indiquer celle où elle doit finir; et, pour éviter les contestations, il devrait y avoir dans le manége une horloge, sur laquelle chacun se réglerait.

Comme il y a toujours plusieurs professeurs et que les chevaux seraient classés par école, rien ne pourrait nuire à cette marche une fois établie.

Mais, me dira-t-on, il ne vous reste pas de temps pour la haute école ! Cela n'est que trop vrai. Mais en hiver nous prendrons les jours de congé donnés aux élèves, et, à mesure que les jours deviendront plus longs, en commençant de meilleure heure, et suivant la même marche, nous emploierons l'intervalle qui se trouvera entre le manége du matin et celui de relevée; d'ailleurs, cet obstacle prouve l'indispensable nécessité d'augmenter le local des manéges, toujours trop resserrés pour des établissements d'une si grande utilité.

Je m'attends bien à entendre censurer mes observations ; aussi je ne les fais que pour quelques véritables amateurs, qui, gémissant comme moi de la décadence d'un art aussi utile qu'agréable, auront l'avantage de pouvoir, avec l'aide du gouvernement, exécuter ce que mes faibles moyens ne me permettent que de désirer.

On ne manquera point d'objecter que mon cours demande bien du temps, et qu'un établissement dans lequel on voudrait y soumettre les jeunes gens doit s'attendre à être négligé en faveur des écoles où on enseigne en quelques jours ce qui autrefois demandait des années.

Je conviens qu'autrefois on mettait de la lenteur; mais rien n'empêche d'accélérer l'instruction, pourvu que ce soit par principes; et rien ne peut nous dispenser de défendre notre propre cause, en exigeant la perfection dans une classe avant de faire passer à une autre : cette rigueur, qui rendrait à l'institution la marche dont elle n'aurait jamais dû s'écarter, ne tarderait pas à démontrer l'erreur dans laquelle sont tombés les maîtres et les élèves en donnant la préférence à une méthode pernicieuse, et les premiers, entraînés par cet exemple, reviendraient aux véritables principes.

ESSAI ÉLÉMENTAIRE

SUR L'ART

DE L'ÉQUITATION

PREMIÈRE LEÇON

Je considère les principes de l'art de l'équitation comme invariables, mais applicables différemment, selon les facultés physiques et morales des sujets qui me sont confiés.

Ce sera donc en raison des moyens de mon élève et de ceux de son cheval que je chercherai à les mettre en rapport l'un avec l'autre, selon les règles de l'aplomb nécessaire à deux corps qui, portés l'un par l'autre, doivent agir de concert.

Après lui avoir fait approcher le cheval qu'il doit monter, en se présentant d'abord en face de lui, je le place vis-à vis de l'épaule gauche, dite du montoir, à peu de distance; puis je lui indique qu'il doit inspecter l'équipement, en commençant par l'embouchure, dont je lui explique l'importance, puisque de ce soin dépend sa sûreté.

Le mors doit être, en ce qui s'appelle le canon, un demi-pouce au-dessus des crochets, le filet en dessus de la liberté de la langue, la gourmette bien à plat dans le balbuchet, et ni trop ni trop peu serrée.

Passant à l'inspection de la selle, je lui fais observer qu'elle doit être à un travers de main en arrière de la partie supérieure de l'épaule, afin qu'elle n'en gêne pas l'articulation; que la croupière ne doit pas être trop tendue; puis lui faisant passer la main gauche, le dessus près le corps du cheval, entre les sangles et celui-ci, pour s'assurer s'il a besoin d'être sanglé; dans ce cas, je lui fais prendre le contre-sanglon de la main droite, pour, en l'enlevant, faire remonter la boucle de la sangle, tandis que l'on gouverne l'ardillon avec la main gauche. On commence par la plus près de l'épaule, ensuite la plus en arrière, et on finit par celle du milieu, qui se nomme le surfait. Puis, pour lui faire ajuster les étriers, je lui fais poser la main à plat sur la grille, tandis que, plaçant le doigt du milieu de l'autre main à l'enchaprure, il étend le bras le long de l'étrivière, jusqu'à ce que le dessous de la grille arrive sous l'aisselle. C'est à l'aide de la boucle de l'étrivière que l'on arrive à ce but.

L'inspection terminée, j'indique la manière de monter à cheval; pour cet effet, mon élève ayant la cravache dans la main droite, je lui fais prendre de la même main le bouton des rênes entre l'index et le pouce, puis élever la main pour donner une légère tension aux deux rênes, pour s'assurer si elles ne sont pas tortillées; ce qui nécessiterait de passer la main dessus à partir du bouton jusqu'au tourret, pour les mettre sur leur plat; la main gauche sur la rêne gauche, et la main droite, après avoir passé le bouton et la cravache dans la main gauche, sur la rêne droite. Reprenant ensuite la cravache et le bouton des rênes de la main droite, il prendra les rênes à pleine main dans la main gauche, en ayant le petit doigt entre les deux rênes et le pouce étendu sur la rêne gauche, qui se trouve avoir le dessus, attendu que le bouton des rênes que quitte la main droite tombe sur l'épaule droite du cheval; puis il placera la cravache aussi dans la main gauche, et, prenant avec la droite une poignée de crins, il l'introduira dans la main gauche, qui devra rester bien fermée. Portant ensuite la main droite à l'arc de l'étrier pour le présenter au pied gauche, qu'il introduira dedans, en appuyant sur la grille; puis, avançant peu à peu sur la pointe du pied droit, jusqu'à ce que le genou gauche puisse trouver à s'appuyer sur l'étrivière, qui sera perpendiculaire, il portera la main droite au troussequin de la selle, et, s'aidant des deux mains en même temps, il s'élèvera sur la jambe gauche jusqu'à ce qu'elle soit tendue. Puis, maintenant la ceinture en avant, il portera la main droite sur la bate de la selle, et en même temps passera la jambe droite tendue par-dessus la croupe du cheval sans le toucher, pour se mettre en selle.

Alors, quittant les crins sans quitter les rênes ni la cravache, il prendra cette dernière avec la main droite pour la passer du côté de l'épaule droite, sans la faire voir au cheval.

Mon élève étant à cheval, je vais m'occuper de le placer le plus favorablement possible.

Le mettant d'aplomb sur ses fesses, je lui ferai chercher son centre de gravité, au moyen du relâchement de sa colonne vertébrale, de manière à rendre l'action des bras et celle des jambes indépendantes du corps, enfin à faire en sorte que le corps de l'homme et celui du cheval ne fassent qu'un.

Je lui ferai tourner les cuisses en dedans, en relâchant les articulations jusqu'à ce qu'elles soient sur leur plat; assurer les genoux sans trop les serrer, ce qui pourrait les faire remonter; et je lui indiquerai qu'en pliant les jarrets il devra chercher à sentir le ventre du cheval avec le dedans des gras de jambes; ce qui s'appelle l'envelopper.

Après lui avoir fait effacer les épaules, de façon qu'elles tombent d'aplomb sur les hanches, la poitrine bien ouverte, je lui place la main fermée à la hauteur du pli du bras, les ongles tournés en face de l'estomac, le petit doigt aussi près du corps que le pouce, qui sera allongé sur les rênes sans les serrer; la main à peu près à égale distance du corps et du garrot du cheval; le coude légèrement détaché, et devant participer aux mouvements de la main, en raison de son éloignement du corps.

On doit entendre par la main celle qui tient la bride ; l'autre, qui sera désignée par son emploi, sera provisoirement placée entre la main gauche et le corps, à peu près à égale distance et à même hauteur.

L'élève doit avoir la tête haute et le corps libre, ayant attention de chercher à voir loin devant lui le chemin que doit parcourir le cheval.

Mon élève ainsi placé sur un cheval soumis à mon obéissance, je lui indique les moyens de le faire agir, et j'en fais plus que lui, ayant soin de rectifier sa position dès qu'elle se dérange ; puis, peu à peu, je laisse le cheval à la merci des aides, dont j'indique l'usage à mon élève.

Lorsqu'au pas il commence à s'apercevoir de l'influence de son mécanisme sur celui de son cheval, je le lui fais mettre au trot ; s'il se dérange, je le lui fais mettre au pas, et je recommence cette leçon jusqu'à ce que j'obtienne de l'assurance à un trot un peu soutenu.

Cette leçon, que je nomme première, sera répétée en menant le cheval en bridon : les rênes séparées, une dans chaque main posée à plat sur le dedans de la rêne, le petit doigt en dessous, le pouce étendu sur le côté de sa jonction avec l'autre, les mains à la hauteur du pli du bras, les ongles en face les uns des autres, et les coudes légèrement détachés du corps.

Mon élève, en employant les moyens que je lui ai indiqués, n'a fait obéir son cheval qu'à ma volonté ; pour le mettre à même de pouvoir le faire agir de lui-même, je lui expliquerai ce que c'est que les aides.

Ce sont la main, les jambes, l'assiette, l'appel de langue, les éperons et la cravache ; et c'est en employant les unes au secours des autres que l'on parvient à soumettre le cheval à sa volonté sans s'exposer à lutter de force avec lui. Le cheval étant plus fort que l'homme, il faut que l'adresse supplée à la force de la part de ce dernier. Or cette adresse consiste à ménager les aides de manière qu'il s'en trouve toujours en réserve pour être employées au secours de celles qui auront été déjà mises en usage.

Je les divise en aides secrètes et en aides artificielles. Les aides secrètes sont la main, les jambes et l'assiette ; je dis secrètes, parce qu'elles peuvent être employées sans qu'on s'en aperçoive, et que ce sont celles qui donnent le plus de grâce au travail. Les aides artificielles ne peuvent être employées sans produire un effet désavantageux pour le cavalier, puisque des ignorants qui le verraient agir croiraient pouvoir faire de même; aussi ne devons-nous en faire usage que pour rendre le cheval sensible aux autres.

L'assiette devrait tenir le premier rang, puisque, en nous rapprochant du centre de gravité, elle détermine notre puissance sur le cheval; mais, comme elle ne se trouve qu'à force de travail et qu'elle peut aider toutes les autres, nous en indiquerons l'usage en temps et lieux : il suffira de dire maintenant que l'on entend par l'assiette la base du cavalier sur son cheval, et que, quel que soit le moyen qu'on emploie, il ne faut jamais cesser d'avoir son point d'appui sur les fesses, en conservant les genoux assurés, car l'assurance des genoux sans celle de l'assiette, ou de l'assiette sans celle des genoux, ne compte pour rien. C'est une grande difficulté à vaincre; mais on y parvient avec de la persévérance, et j'ai employé un moyen excellent pour y faire arriver mes élèves (au manége, rue de Provence).

Je leur faisais mettre des écus de six livres sous chaque fesse et un autre entre chaque genou et le quartier de la selle : ils en perdirent plusieurs lors des premiers essais, et plusieurs finirent (MM. Talon de Monaco, d'Héricy, de Crillon frères, de Moysen, Delaporte, Baguet, de Narbònne frères, d'Ivry et autres) par les garder en sautant la barrière en selle anglaise.

C'est lorsque l'assiette est assurée, ainsi que les genoux, que l'on est vraiment maître de son cheval et que l'on commence à éprouver de véritables jouissances, les autres aides n'étant, en quelque sorte, qu'accessoires, parce que plus l'action du cavalier se rapproche du centre de gravité, plus elle a de puissance.

Je crois pouvoir indiquer le centre de gravité au point de contact de la colonne vertébrale de l'homme avec celle du cheval; aussi est-il plus difficile à saisir à cause de la différence de conformation des chevaux et des différentes confections des selles; c'est ce dont je me suis assuré en montant des chevaux en simple tapis.

Il est démontré physiquement que, de deux corps qui cheminent l'un sur l'autre, celui qui occupe la partie supérieure a toujours de la propension à dépasser la ligne perpendiculaire en avant. Voilà pourquoi un cavalier tombe presque toujours en avant, et c'est ce qui nous oblige à chercher à augmenter continuellement l'effet de l'assiette, qui cesse d'avoir lieu dès que le cavalier contracte la moindre roideur.

L'explication que je donne ici de l'assiette peut être appliquée à mon élève au fur et à mesure que ses progrès le permettront.

J'ai classé la main la première, parce qu'elle nous sert, même avant d'être à cheval, à le tenir sage au montoir et à le diriger, si nous ne pouvons d'abord l'arrêter.

J'indique la main pour diriger et arrêter; dans l'un ou dans l'autre cas, on fait sentir la main à son cheval en cherchant à sentir le poids de sa tête au bout des rênes pour l'opposer à ses épaules dans l'action d'arrêter, ou à l'une d'elles dans celle de tourner, à l'épaule droite pour aller à droite, et à l'épaule gauche pour aller à gauche. Pour indiquer à son cheval la différence de l'intention de la main, on fait usage de la pression des jambes, qui, par ce fait, deviennent aides de la main. Dans l'action d'arrêter, les deux jambes, légèrement près, maintiennent les hanches sur la ligne des épaules et empêchent le cheval, en se mettant de travers, d'aller de côté où on n'a pas voulu le laisser aller droit.

Dans l'action de tourner, les jambes, qui maintiennent les hanches sur la ligne des épaules au premier effet de la main, servent encore à diriger la colonne de derrière sur celle de devant, de façon que, lorsque l'on oppose la tête à l'épaule droite, les hanches, chassées par la pression des jambes, aidées de l'assiette, déterminent le mouvement transversal de l'épaule gauche sur la droite, et, lorsqu'il est obtenu, la pression de la jambe droite fait agir l'épaule droite à droite en se dégageant de dessous l'épaule gauche.

En indiquant ici l'assiette comme aide des jambes, on entend que, par le relâchement de la colonne vertébrale, pour appuyer davantage sur les fesses, on surcharge les hanches du cheval, en même temps que l'on dégage les épaules d'une partie du poids du corps; ce qui les rend plus libres pour agir transversalement.

Lorsque le cheval est assez tourné, on diminue l'effet de la main, et on rend la pression des deux jambes égale, en diminuant celle de la jambe droite ou en augmentant celle de la jambe gauche; cela dépend de la disposition du cheval. S'il est ardent, il suffira de relâcher la jambe droite; et, s'il est froid, mieux vaudra approcher la jambe gauche à l'unisson de la droite.

Pour tourner à gauche, le mécanisme parallèle.

Supposons le cheval sage au montoir. Lorsque nous voulons le mettre en mouvement, la main agit encore la première, puisqu'il faut commencer par le rassembler.

Pour rassembler son cheval, il faut, en élevant la main, la rapprocher du corps, afin de sentir légèrement le poids de sa tête au bout des rênes, et rapprocher les deux jambes en pesant sur l'assiette.

L'effet de la main grandit le cheval dans son bout de devant; l'effet des jambes actionne les hanches, qui, chargées par l'effet de l'assiette, coulent dessous, au moyen de l'articulation des jarrets : c'est faire en même temps l'action d'arrêter par la main et celle de faire marcher par la pression des jambes; alors, en diminuant l'effet de la main, on ira en avant, et, en l'augmentant, on ira en arrière, en ayant soin de proportionner l'action des jambes à l'effet de la main.

Par suite du rassemblé pour aller à droite, en éloignant un peu la main du corps, on la porte à droite, pour opposer la tête à l'épaule droite, en entretenant l'action des hanches par la pression des jambes, celle de dedans un peu plus en arrière.

On nomme jambe de dedans celle du côté où l'on tourne.

Pour aller à gauche, le mécanisme parallèle.

Pour aller en arrière, on augmente l'effet de la main, de manière à opposer la tête aux épaules, et celles-ci aux hanches, en diminuant la pression des jambes sans les éloigner; puis on pèse sur l'assiette, en relâchant les cuisses, afin d'enfourcher le cheval le plus possible; si le cheval porte au vent, on agira de la main basse; et, s'il s'encapuchonne, on l'élèvera.

Si les hanches, en sortant de la ligne des épaules, tombaient à droite, on soutiendrait de la jambe droite, en relâchant les articulations du côté gauche; c'est ce qu'on peut appeler peser sur l'assiette à gauche ; s'il arrivait qu'elles tombassent à gauche, les moyens inverses.

Il faut observer que, lorsque l'on porte la main à droite ou à gauche, pour obtenir l'opposition de la tête à l'épaule, on doit toujours obtenir aussi le bout du nez en dedans.

Pour obtenir le bout du nez, on fait usage de la rêne du dedans ou de la rêne du dehors, au moyen du petit doigt de la main gauche, qui se trouve entre les deux rênes : en arrondissant le poignet, on fait agir la rêne droite par le contour qu'elle fait sur le petit doigt.

Ainsi on peut en même temps enlever le bout du nez à droite, et opposer la rêne gauche à l'épaule gauche ; en rapprochant le pouce du corps, on fait agir la rêne gauche par le relâchement que l'on donne à la rêne droite, et, si l'on veut enlever le bout du nez à gauche, on ouvre un peu le bras.

C'est ici le moment de dire pourquoi on ne tient pas les rênes de la même manière dans les deux mains.

Lorsque nous faisons usage du cheval, soit pour la guerre, soit pour la chasse, notre main droite, souvent armée d'un objet qui impose à notre cheval, par les mouvements que nous sommés obligés de lui faire faire, a nécessité l'introduction du petit doigt de la main gauche entre les deux rênes, afin que le cavalier puisse opposer la rêne droite au cheval, qui autrement porterait toujours la tête à gauche.

Il en résulte une difficulté que l'homme vraiment attentif peut seul faire diparaître : c'est que la rêne gauche, tenue par le dedans du petit doigt, est plus souvent sentie par le cheval si le cavalier néglige d'arrondir le poignet ; voilà pourquoi on rencontre plus de chevaux à gauche qu'à droite.

Si, lorsque la bride est dans la main droite, on ne met pas de doigt entre les rênes, c'est que, ne prenant la bride dans cette main que dans les moments de repos, on prend les rênes longues pour donner plus de liberté au cheval; et, si à l'instruction on la fait tenir alternativement dans les deux mains, c'est pour mettre le cavalier droit, ainsi que son cheval, en les faisant travailler à une main comme à l'autre.

Pour faire passer son cheval du pas au trot, en élevant la main on l'éloigne un peu du corps pour dégager les épaules du poids de la tête, et, en relâchant les cuisses pour arriver dans le fond de la selle et grandir l'enveloppe, on augmente la pression des jambes, en diminuant l'effet de la main.

En augmentant les effets de la main et des jambes par gradation, on obtiendra plus d'activité dans les mouvements du cheval et un trot plus soutenu ; comme, en augmentant l'effet des jambes, en diminuant celui de la main, on obtiendra un trop plus uni et plus allongé.

Pour faire passer son cheval du trot au pas, il faut diminuer la chasse des hanches en relâchant les jambes sans les éloigner, surcharger les hanches par l'assiette, et, par l'effet de la main, opposer la tête aux épaules, et celles-ci aux hanches.

Pour passer du pas à l'arrêt, les mêmes moyens, toujours par gradation, et relâchement absolu lorsqu'il est obtenu.

Les aides artificielles sont le temps de langue, les éperons et la cravache.

Elles servent à rendre le cheval sensible aux autres aides; le temps de langue vient à l'aide de la pression des jambes ; cependant, comme il agit sur l'organe de l'ouïe, il peut aussi bien animer les épaules que les hanches : il est donc essentiel de préparer le cheval à en recevoir l'impulsion.

Si le cheval ne répond pas à la pression des jambes, on les relâche d'abord ; puis, en les rapprochant avec plus d'énergie, on appelle de la langue, de manière à unir les deux aides ; car l'union de deux aides doit produire plus d'effet que l'action d'une seule ; aussi il peut arriver que le cheval ne réponde pas plus à l'appel de langue seul qu'à la pression des jambes. C'est pourquoi une aide doit toujours préparer le cheval à répondre à une autre.

On ne doit pas trop multiplier les temps de langue, qui s'obtiennent en recourbant le bout de la langue vers le palais, et en la retirant ensuite tout à coup en ouvrant un peu la bouche. On appelle deux temps de langue isolés l'un de l'autre, le second un peu plus fort, de manière que, si le cheval a répondu au premier, on n'appellera point le second.

Quand on voudra actionner les épaules par le temps de langue, ce qui suppose qu'elles se sont refusées à l'impulsion des hanches, obtenue par la pression des jambes, on élèvera un peu la main, de manière à dégager les épaules du poids de la tête, et on surchargera les hanches du poids de l'assiette ; si ce sont les hanches que l'on veut actionner, on oppose la tête aux épaules en enfourchant le cheval le plus possible, de sorte que les hanches deviennent plus libres.

Si l'on veut actionner un bipède, on oppose la tête à l'autre.

On peut encore, à l'aide du temps de langue, actionner une épaule ou l'autre, une hanche ou l'autre ; il ne s'agit que de maintenir par la main les jambes et l'assiette les parties qui ne doivent pas répondre au temps de langue.

Dans l'action de reculer, si, par suite du rassemblé, le cheval se refusait à se porter en arrière, il trouverait sa résistance dans la tension de ses jarrets, qu'un appel de langue pourrait faire plier par l'opposition de la main et des jambes.

La cravache peut être employée comme aide locale du temps de langue et comme aide des éperons : dans le premier cas, je la considère comme aide d'émulation, et, dans le second, comme châtiment. Si donc le temps de langue ne produit pas d'effet, on peut employer la cravache en en frappant légèrement la partie que l'on veut actionner.

Plusieurs causes peuvent amener la désobéissance du cheval envers les aides déjà indiquées : la distraction, la faiblesse, la paresse et la lassitude.

La distraction du cheval vient de la faute du cavalier, qui doit se pénétrer de cette idée, que la puissance de l'homme à cheval et la science en équitation consistent à occuper son cheval assez pour qu'il ne puisse s'occuper d'autre chose.

Il faudra donc, en employant les aides ci-dessus indiquées, faire en sorte de porter toute l'attention du cheval vers soi et de proportionner les effets à l'importance des objets qui se trouveront sur son passage ; et c'est lorsque ces aides ne seront pas suffisantes que nous aurons recours aux éperons.

Pour faire usage des éperons, on doit choisir son temps, c'est-à-dire ne jamais se mettre dans le cas d'opposer la main à l'attaque ; ce qui arriverait si on attaquait au moment de tourner, car alors on présenterait à son cheval l'obligation de répondre en même temps à deux aides opposées, et il ne manquerait pas de choisir celle qui lui conviendrait le mieux.

On doit donc attaquer son cheval par le droit et des deux talons à la fois, en lui rendant toute la main, et en le laissant bien asséoir; et, quand il aura répondu, en se portant en avant, le laisser courir plus ou moins longtemps, selon ses facultés, et le ramener par degrés au rassemblé.

Je regarde comme très-dangereux d'attaquer un cheval d'un seul talon, parce que presque toujours il s'appuie dessus, ce qui l'expose à se donner des efforts aux jarrets.

On m'objectera peut-être qu'on ne doit pas céder à son cheval s'il refuse de tourner; je répondrai qu'un cavalier intelligent ne doit rien demander à son cheval qu'il ne soit en mesure d'obtenir, et qu'un cheval qui a répondu à l'action du rassemblé ne doit pas avoir d'autre volonté que celle de son cavalier.

C'est donc indiquer qu'on ne doit jamais rien exiger du cheval sans l'avoir préalablement rassemblé.

Si le cheval ne répondait pas à l'attaque des éperons, il faudrait recommencer, en observant de ne pas picoter, mais piquer ferme et ôter les éperons, en relâchant les jambes toutes les fois qu'ils sont entrés dans le ventre du cheval ; il faut bien aussi, comme cela arrive, par un mouvement assez naturel, prendre garde de porter le corps en avant, car le changement de position du cavalier contredit l'action des aides.

Si le cheval refusait d'obéir à la récidive, on emploierait la cravache comme châtiment. Comme elle a l'avantage d'être locale, on s'en sert diversement : par exemple, si le cheval se cabre, on le frappe sur la croupe, afin qu'en l'actionnant on force le devant à se rabaisser, et, dès que le cheval est d'aplomb, on recommence l'attaque ; s'il lâche la ruade, on le frappe aux épaules, en soutenant la tête par le bridon ; s'il se jette à droite, on frappe à droite ; s'il se jette à gauche, on frappe à gauche. Pour cet effet, on porte la cravache la pointe en l'air, ou on la passe dans la main gauche ; s'il recule, on frappe derrière la botte, en faisant en sorte que le petit bout de la cravache touche les parties génitales.

Dans le cas de faiblesse, il faut ménager le cheval dans son travail, et attendre, pour le rassembler, que ses forces viennent ; car, si on se presse trop de vouloir jouir, on retarde les progrès, et on s'expose à les détruire. Si donc on est obligé de faire usage des éperons, il faut que ce soit avec ménagement, sans picoter, ce qui ferait défendre le cheval ; au lieu de les appliquer à la suite du rassemblé, il vaudra mieux grandir le cheval par l'effet du bridon, les mains élevées, pour dégager les épaules du poids de sa tête, et choisir le moment où le terrain va un peu en montant ; ne pas le faire courir trop longtemps, et avant de lui faire quitter le galop le rassembler par degrés, afin de le faire passer du galop au petit trop, puisque, si on le laisse aller au grand trot, on l'expose à se donner des atteintes, même une nerf-férure ou mémarchure.

La paresse se reconnaît aux moyens que le cheval trouve lorsqu'il veut agir de lui-même. Ici point de ménagement ; attaquer avec vigueur et ne rien passer, car le cheval ne tarderait pas à devenir le maître.

La lassitude se reconnaît à l'espèce d'insouciance dans laquelle le cheval reste à l'égard de son cavalier et des objets qui se trouvent sur son passage ; alors il ne faut employer les éperons qu'à la rigueur, et mettre le cheval bien à son aise, par un emploi bien modéré des aides.

Les principes que je viens d'indiquer ne sauraient produire un bon effet sans le développement que saura leur donner un professeur habile, qui en fera l'application à mesure que son élève sera à même de les apprécier.

Il sera avantageux de s'en servir de temps en temps sur le sauteur des piliers ; d'abord sur un ballotteur, qui, n'obéissant qu'à la voix du maître, mettra l'élève à même de conserver sa position, malgré les mouvements inattendus de son cheval ; ensuite sur un piaffeur, qui obéira aux demandes faites par l'élève, d'après l'indication donnée par le maître.

C'est en faisant connaître par degrés à l'élève l'influence de son mécanisme sur celui de son cheval qu'on le pénétrera de la vérité que l'art de l'équitation n'est point illusoire, et que, plus on avance dans l'étude qu'on en fait, plus on s'aperçoit qu'il reste encore à acquérir.

Cette leçon, que j'ai nommée la première, sera suivie d'une autre qui indiquera les moyens de mettre un cheval au galop ; ensuite nous passerons à la leçon des pas de côté, qui nous acheminera à celle des airs relevés, etc., etc.

DEUXIÈME LEÇON

Lorsque mon élève sera bien pénétré des moyens à employer pour rassembler son cheval, je lui dirai que le galop est une allure forcée que l'on provoque par l'opposition de la main aux jambes et des jambes à la main ; que le galop se compose de petits sauts répétés, c'est-à-dire que, lorsque le cheval galope, il s'appuie avec plus d'énergie sur l'une de ses jambes de derrière, pour porter sa masse en avant, tandis qu'il enlève davantage les trois autres; qu'il prend son point d'appui sur sa jambe gauche de derrière, tandis que sa jambe droite de devant entame le terrain : c'est ce qu'on appelle courir à droite ou du pied droit; et, lorsqu'il entame le terrain du pied gauche de devant, ce qu'on appelle courir à gauche, il prend son point d'appui sur sa jambe droite de derrière.

Je dis forcée, parce que le cheval monté ne galope pas volontairement, à moins qu'il ne soit en gaieté, et qu'il faut, pour le mettre au galop, que le cavalier, par sa position et le mécanisme des aides, provoque et facilité cette allure; car il pourrait arriver que, la position du corps s'opposant à la demande formée par les aides, le cheval ne sût y répondre.

Dans l'action du galop, le cheval doit avoir le bout du devant allégé du poids du cavalier, sans pourtant en charger trop les hanches. Ce sera donc l'instant de se rapprocher du centre de gravité, au moyen du relâchement des cuisses et des jambes pour grandir l'enveloppe, afin de pouvoir en quelque sorte enlever le cheval, en lui faisant sentir les jambes en dessous sans les plaquer, mais en donnant des élans de jambes, qui pourtant ne doivent pas être visibles. La main sera plus ou moins élevée et rapprochée du corps, selon le degré de vitesse et selon la nature du terrain.

La main en opposition aux jambes provoque le mouvement en élévation des épaules, qui, chassées par les hanches au moyen de la pression des jambes, ne pouvant aller en avant par l'opposition de la main, sont obligées d'aller en l'air.

Cette opposition de la main ne doit pas être continue, car il en résulterait un temps d'arrêt lorsqu'il ne faut que des demi-arrêts répétés et multipliés.

Ce qui rend l'action du galop difficile pour un élève, c'est l'incertitude pour lui de saisir le le moment d'arrêter et celui de rendre, comme de réactionner les hanches. Il sera donc avantageux pour lui de lui faire faire ses essais sur un vieux cheval qui soit naturellement assuré dans son galop ; mais en même temps on doit lui faire connaître le mécanisme de son cheval, le rapport qu'il doit y avoir entre eux ; et, en le faisant partir au galop, arrêter et repartir souvent, il sera aisé de le convaincre de l'accord que doivent avoir la main, les jambes et l'assiette.

Ce sera par l'effet de l'assiette que dans le demi-arrêt on maintiendra les hanches basses, de façon que, pour soulager ses jarrets, qui se trouvent en contraction, le cheval se réenlèvera au galop par l'opposition de la main aux jambes, puisque, ne pouvant aller en avant, il sera obligé d'aller en l'air.

Pour le cavalier, la difficulté n'est pas d'aller au galop, puisque c'est l'allure qui le met le plus à son aise et qui le fatigue le moins; mais c'est de passer d'une allure à une autre, ce qui ne doit jamais se faire que par gradation.

Il sera donc essentiel que l'élève avise au moyen de faire passer son cheval du pas au galop, ce qu'il obtiendra par l'action du rassemblé; s'il en agissait autrement, il pourrait arriver que le cheval se mît d'abord au trot, qui, s'il était rude, pourrait, en déplaçant le cavalier, lui ôter les moyens d'agir avec justesse et de prévenir les accidents qui peuvent résulter d'un trot trop allongé; car, le cheval trottant sur les épaules, elles perdent leur activité, parce qu'elle ne peuvent céder à l'impulsion trop vive des hanches, ce qui mettrait le cheval dans le cas de forger, c'est-à-dire de frapper ses fers de devant avec la pince de ceux de derrière, puis, par suite, de se déferrer et même de se donner une nerf-férure, comme cela arrive quand la pince du fer de derrière frappe le tendon de la jambe de devant, accident souvent irréparable.

Il faudra donc, avant de mettre le cheval au galop, le rassembler au pas, faisant en sorte de maintenir les hanches basses par le poids de l'assiette; de chasser les jambes de derrière sous le corps par la pression des jambes, et, par l'élévation de la main, faire grandir le bout de devant.

Quand, par cette centralisation de puissances, on aura disposé le cheval à partir au galop, il sera temps de déterminer la partie qui devra entamer le terrain pour le faire courir à droite ou à gauche.

Pour déterminer le cheval à partir du pied droit ou sur le pied droit, on avisera au moyen de retarder les mouvements du bipède gauche, en faisant sentir la rêne gauche, pour opposer la tête à l'épaule gauche et l'épaule à la hanche. C'est ici que les deux rênes doivent agir ensemble; la rêne droite enlève le bout du nez, ce qui rend l'épaule droite plus libre, tandis que la rêne gauche ralentit l'épaule gauche; il ne s'agit que d'arrondir le poignet, afin que la rêne gauche se trouve en dessous de la droite, qui, par le contour qu'elle fera sur le petit doigt, se fera sentir en élévation, tandis que l'autre agira plus bas.

Il faut encore, par le relâchement du côté gauche, surcharger le bipède gauche.

On doit entendre, par ce que je viens d'indiquer, que je divise, selon l'occasion, l'homme ainsi que le cheval, chacun en ce qui le concerne, en deux bipèdes assemblés ; ainsi c'est à l'aide de cette comparaison que je suppose qu'on peut employer l'assiette comme aide locale.

Ce sera donc par le relâchement de l'un de ses côtés que le cavalier pourra surcharger l'un des bipèdes de son cheval.

Pour bien faire sentir comment s'obtient ce relâchement, je rappelle l'exercice de la lutte, dans lequel, pour faire le lourd, on se laisse aller à un état voisin de celui de la syncope ; c'est à peu près ce que l'on doit faire du côté qui doit devenir plus pesant.

Après avoir employé les moyens que je viens d'indiquer pour préparer le cheval à partir, soit à droite, soit à gauche, il pourrait s'y refuser en dérobant ses hanches. On appelle dérober les hanches, les sortir de la ligne des épaules, en les jetant à droite ou à gauche, de manière qu'elles ne peuvent plus servir à chasser les épaules en avant.

On trouve différents moyens de remédier à cet

inconvénient, qui est souvent une défense de la part du cheval. On peut employer la main avec beaucoup de légèreté pour opposer les épaules aux hanches ; mais il faut, en donnant de l'élévation à la main, l'éloigner du corps afin de ne point arrêter. On peut aussi opposer la jambe du côté où tombent les hanches, mais il faut que ce soit bien en arrière, et avoir le soin d'assurer le genou du côté opposé, et prendre garde que l'assiette ne se porte du côté de la jambe dont on fait usage, car son effet détruirait celui de la jambe, attendu que le cheval, cherchant toujours à se remettre sous son cavalier, se trouverait entraîné par le poids du corps ; aussi, en indiquant l'assurance du genou opposé à la jambe dont on fait usage, ai-je le projet de faire conserver au cavalier son aplomb.

Comme cette action de dérober les hanches peut être provoquée par un effet trop prononcé de la main du cavalier, il doit faire attention à la manière dont il s'en sert ; en lui donnant plus d'élévation, sa puissance sera moindre sur les jarrets ; et en mettant plus d'énergie dans la pression des jambes et plus de relâchement dans la ceinture, on maintiendra le cheval droit.

Pour ne pas faire durer trop longtemps l'opposition de la main aux jambes, on pourra, quand le cheval sera bien disposé à partir, le déterminer par un appel de langue plus ou moins énergique, selon sa sensibilité. C'est dans cette circonstance que le temps ou appel de langue doit être employé avec discrétion, car non-seulement il nuit à la grâce de l'exécution, mais encore il peut produire un mauvais effet, en actionnant une des parties du cheval qui aurait dû être maintenue.

Il faut du tact pour bien sentir le moment de rendre et de reprendre, lorsque le cheval est enlevé au galop. Les moyens qui ont servi à le décider à partir servent encore à l'entretenir dans cette allure; mais ils doivent diminuer graduellement d'effet, de façon que le cheval qui en aura conservé l'impulsion croie les sentir encore avec la même énergie; car le cheval est comme une pendule que l'on monte pour la mettre en mouvement; la sensibilité qu'il a acquise dans les aides décide l'activité de son travail.

Un cheval qui n'agirait que par les effets continus des aides se fatiguerait très-promptement, comme il fatiguerait son cavalier; il faut donc se ménager des moments de relâche, et l'accoutumer à se croire capable d'agir quelquefois de lui-même.

La célérité du galop d'un cheval doit être décidée par la circonstance. Dans le manége, le galop doit être ralenti et le cheval bien assis, afin de lui ménager la liberté d'épaules pour pouvoir tourner souvent. A la promenade, il peut avoir un peu plus de vitesse; pourtant il doit conserver l'ensemble nécessaire à une position gracieuse. Pour la chasse, le galop doit être allongé, et pourtant soutenu; quoiqu'il arrive souvent que l'on soit pressé d'arriver, on ne doit jamais mener son cheval à son train le plus vite, car on pourrait ne pas se rendre au but, attendu qu'un cheval qui court de toutes ses forces est promptement fatigué.

Il vaut infiniment mieux, quel que soit l'objet qui nous détermine, conserver à son cheval le désir d'aller encore plus vite. Le cheval de guerre doit tenir le milieu entre celui du manége et celui de la chasse, c'est-à-dire qu'il doit pouvoir, suivant l'occasion, manier en place et courir de vitesse. C'est au cavalier à être assez sage pour ne jamais abuser des moyens de son cheval, et à n'user de toutes ses facultés que dans les instants d'impérieuse nécessité.

La nécessité de courir un cheval à droite ou à gauche se détermine par la nature du terrain. Dans le manége ou la carrière, on doit courir vers le dedans; ainsi, lorsque l'on est à main droite, on doit courir à droite ou du pied droit, et, lorsque l'on est à main gauche, on doit courir à gauche ou du pied gauche. On entend par le dedans, le milieu; et le dehors, la muraille ou la barrière.

Comme on ne peut tourner que vers le dedans, il serait désavantageux de courir de la jambe de dehors, puisque dans l'action de tourner, la jambe de dehors qui entame le terrain viendrait se placer dans la direction de celle de dedans, et exposerait le cheval à se croiser les jambes, ce qui amènerait une chute; d'ailleurs, le jarret du dedans, qui servirait de point d'appui en tournant, se trouverait surchargé et exposé à faire des efforts.

En courant de la jambe de dedans, l'action de tourner est plus naturelle et plus facile ; car, par suite d'un demi-arrêt, en avisant de la rêne de dedans, l'épaule se porte dans le dedans et entraîne naturellement celle du dehors ; et le jarret de dehors, qui sert de point d'appui, n'éprouve rien de contraire aux lois de la nature.

Si donc le cheval s'embarquait de la jambe de dehors, il faudrait l'arrêter avant de passer le coin ou de tourner, et si, en formant le temps d'arrêt, on fait sentir un peu plus la rêne de dehors ainsi que la jambe de dehors, on ralentira les mouvements de l'épaule du dehors en même temps que l'on ramènera les hanches sur la ligne de l'épaule du dedans, ce qui la forcera à partir la première. C'est dans cette circonstance qu'il faut maintenir son corps d'aplomb par le relâchement de la colonne vertébrale, et qu'il faut assurer le genou du dedans. Cette assurance du genou du dedans peut produire deux bons effets : celui d'empêcher le corps de se porter du côté de la jambe de dehors, dont on fait usage, et celui de déterminer le mouvement de l'épaule de dedans, parce que la pression s'en approche.

Il est bon d'observer qu'en employant les aides de dehors il faut éviter de mettre le cheval de travers, en leur opposant les aides de dedans. En général, un cheval doit toujours être droit quand il change d'allure, et si l'on trouve quelques ressources dans le talon de dehors pour le faire partir de la jambe de dedans, ce moyen est toujours dangereux. En effet, le cheval refuse de courir à droite parce qu'il a de la faiblesse dans le jarret gauche, ou à gauche parce que son jarret droit est souffrant. En attaquant du talon de dehors, vous forcez le jarret du dehors à se porter avec violence sous le centre de gravité, et, comme il ne peut s'en retirer sans faire un effort, il ne peut en résulter qu'une augmentation de douleur qui porte le cheval à se défendre.

En condamnant une méthode malheureusement trop usitée, j'en dois indiquer une qui m'a toujours réussi ; elle consiste à obtenir du temps et d'un travail modéré ce que l'on ne peut obtenir d'abord.

Lorsqu'on s'aperçoit qu'un cheval éprouve de la difficulté à courir sur un pied, il faut en chercher la cause dans quelque tare aux jarrets, et, s'il n'en existe pas de visible, il y aura au moins faiblesse.

Il faudra donc renoncer pour le moment à

faire courir le cheval, et se contenter de l'exercer au trot sur de grands cercles.

Dans l'action d'aller en cercle, comparant le cheval à deux bipèdes assemblés, le bipède de dedans tracera un cercle moins grand que celui tracé par le bipède de dehors ; de là la nécessité de donner plus d'élévation aux mouvements du bipède qui tiendra le dedans du cercle, tandis que l'autre cheminera uniment.

En se relâchant pour se rapprocher du centre de gravité, on soulagera les épaules sans surcharger les hanches, qui, cheminant uniment, n'éprouveront aucune fatigue.

En ayant l'attention de travailler le cheval autant à une main qu'à l'autre, on ne tardera pas à s'apercevoir que le bipède de dedans ayant plus d'élévation sera susceptible de partir le premier au galop, et d'autant plus facilement, qu'ici, au lieu que le bipède du dehors chasse celui de dedans en avant, ce sera celui de dedans qui entraînera celui de dehors.

Pour obtenir ce départ, l'action de rassembler doit être formée de manière à enlever plutôt qu'à ralentir, et, tandis que la jambe de dedans se fermera basse et en dessous, celle de dehors sera approchée plus en arrière, moins pour actionner les hanches que pour les soutenir.

Si l'on obtient un départ juste, il faut grandir le cercle et ne pas attendre, pour arrêter, que le cheval soit fatigué. A mesure que l'on grandira le cercle, on trouvera plus de facilité, et l'on finira par mener droit sans abandonner ce mode de départ.

Je reviendrai sur les avantages du travail en cercle, lorsque je parlerai de l'instruction des jeunes chevaux.

Dans le dehors, sur un terrain plat, et seul, peu importe sur quel pied doit courir un cheval ; j'observe seulement que l'on doit courir son cheval alternativement sur un pied et sur l'autre ; autrement il serait promptement fatigué sur le bipède de dehors. Les chevaux bien établis changent d'eux-mêmes pour se reposer.

Si le terrain est incliné comme sur une chaussée, il faut placer le cheval dans l'action de monter sur le pied droit, quand le terrain est incliné à gauche, et sur le pied gauche, si le terrain incline à droite. Le motif en est que, si le cheval venait à glisser, ce serait du bipède de dehors, c'est-à-dire, celui sur lequel il prend son appui.

Donc, s'il glissait du bipède qui serait sur le haut du terrain, l'autre serait trop élevé pour qu'il eût le temps de s'en servir pour se retenir ; tandis que, s'il glissait du bipède qui serait dans le bas, il trouverait plutôt son appui sur le bipède qui serait en l'air, parce que le terrain est moins loin en raison de l'élévation.

Si notre action est à droite, le cheval doit courir à droite, puisque sa position doit être en rapport avec la nôtre, c'est à-dire qu'un cheval, dans quelque circonstance qu'on le galope, doit regarder où il va; ainsi, s'il court à droite, il doit être placé à droite; s'il court à gauche, il doit être placé à gauche.

Pour qu'un cheval soit placé, il faut que, depuis la naissance du garot jusqu'au bout du nez, son encolure décrive une ligne circulaire plus ou moins courbe, selon la capacité du terrain ; ainsi, plus le terrain est rétréci, plus la ligne doit être courbe, et plus il est étendu, plus elle doit se redresser; de manière qu'un cheval qui court devant lui laisse seulement apercevoir le bout du naseau par son cavalier, à droite s'il court à droite, à gauche s'il court à gauche.

Je ferai observer que quelques cavaliers contractent l'habitude de chercher à voir leur cheval, ce qui, ne pouvant se faire sans qu'ils se penchent, produit l'effet contraire, puisque le poids du corps du cavalier entraîne le corps du cheval, et que le cheval porte plus facilement la tête du côté opposé à son corps. C'est donc en supposant le cavalier parfaitement droit et d'aplomb qu'il doit voir le bout du nez de son cheval dans le dedans.

Je ferai observer encore que cette position, qui donne de la grâce à un cheval, ne peut s'obtenir qu'avec le temps, et que ce n'est que lorsque le cheval a acquis toute sa force qu'on a droit d'y prétendre.

Ce sera le moment de parler de l'aide du corps, qui fait suite à celle de l'assiette. J'entends par aide du corps la position que l'on doit prendre en raison du mouvement que l'on exige de son cheval. Par exemple, pour tourner à droite ou pour placer le cheval à droite, on aide les autres aides en effaçant l'épaule droite ou la hanche droite, ou en avançant l'épaule gauche. Le choix entre ces moyens dépend de la disposition du cheval; s'il refuse d'amener les épaules à droite, on avancera l'épaule gauche; s'il ramène les hanches à droite, on effacera l'épaule droite; et, s'il refuse le pli de l'encolure à droite ou le bont du nez, on effacera la hanche droite. Il est bien entendu que ces moyens n'ont d'effet qu'autant que l'assiette est invariablement assurée.

On pourrait se dispenser d'employer ces moyens; mais ils diminueraient, par leur omission, la finesse dans le travail, puisque par leur emploi on diminue le commandement de la main et celui des jambes en obtenant le même résultat; ce qui nous rapproche de ce précepte, qu'on ne saurait trop ménager l'emploi des aides, et qu'il faut toujours en avoir en réserve pour être employées à l'aide de celles qui ont été déjà mises en usage.

Le cheval qui connaît la fin des moyens de son cavalier n'est pas loin de devenir le maître; aussi doit-on se contenter quelquefois d'un simple signe d'obéissance, plutôt que de s'exposer à un refus pour avoir voulu trop obtenir d'abord, et il sera facile de reconnaître que ce qu'on n'a pu obtenir le jour même s'obtient le lendemain.

En supposant mon élève suffisamment instruit dans l'art de mener un cheval d'école ordinaire, avant de le mettre à la leçon des airs relevés, il sera bon de lui faire monter des chevaux à débourrer, c'est-à-dire, de ceux qui souffrent l'homme, mais ne connaissent pas encore les mains et les jambes.

Pour tirer parti des chevaux de ce genre, il faut moins de suite dans l'emploi des aides, car cela ne servirait qu'à les endurcir.

En le lui faisant monter en bridon, les rênes séparées, on lui fera connaître qu'il doit aviser son cheval largement, écartant avec aisance la rêne de dedans et maintenant celle de dehors dans sa position naturelle. L'effet de la jambe de dedans ne doit plus être une pression suivie, mais approchée par de petits accoups imperceptibles, et qui, par suite, céderont à l'assurance de sa position. L'effet de la jambe de dehors sera combiné avec l'effet de celle de dedans, de manière que l'une provoque le cheval à tourner, tandis que l'autre le porte en avant.

La position des mains ne peut-être déterminée que par la disposition du cheval ou la capacité du terrain. Plus le cheval est insensible aux aides, moins les mains doivent être assurées, et elles doivent être tantôt hautes, tantôt basses, mais toujours très-légères.

Ce à quoi il faut appliquer l'élève, c'est à chercher les moyens d'assouplir les épaules du cheval sans écraser ses jarrets, ce qui ne manquerait pas d'arriver si on voulait trop tôt le grandir. Il faut donc se contenter de ce que le cheval se porte en avant sans vouloir assurer sa position et ne rétrécir le terrain que peu à peu, car plus un cheval tourne court, plus ses jarrets sont obligés.

On pourra donc lui faire prendre ce que l'on appelle contre-changement de mains ; cette manœuvre oblige le cheval à commencer l'action de chevaler, c'est-à-dire à passer une jambe devant l'autre, action continue lorsqu'il va en cercle, puisque l'épaule de dehors vient à chaque pas se placer dans la direction de celle de dedans.

C'est ici qu'il faut bien faire attention que la rêne de dedans doit agir en élévation et très-légèrement, de manière que l'épaule, chassée par les hanches, se trouve dégagée du poids de la tête et puisse développer ses mouvements sans reporter la masse sur les jarrets, ce qui ne manquerait pas d'arriver si la main était trop basse ; car il s'agit ici d'entraîner en quelque sorte l'épaule par le bout du nez et les hanches par l'épaule.

C'est surtout au moment de changer la direction qu'il faut que la rêne de dehors, qui devient rêne de dedans, soit maniée de manière que la hanche de dehors ne se trouve pas surchargée du poids des épaules, ce qui arriverait si on négligeait d'élever la main et de porter le cheval en avant.

Le cavalier doit, dans ce travail, aider aussi son cheval par la position du corps ; ainsi avancez l'épaule gauche pour aller à droite, et l'épaule droite pour aller à gauche ; il doit également chercher, avant de changer la direction des épaules, à retarder les hanches par l'effet de l'assiette.

C'est encore dans ce travail qu'il faut bien se garder d'abandonner son corps sur les épaules du cheval, en voulant regarder le bout de son nez, ou les mouvements des épaules, comme font les cavaliers qui commencent à sentir ce qu'ils obtiennent, car il arrive toujours que c'est l'épaule qui doit agir qui est en surcharge, et pour employer l'assiette de manière à ne pas surcharger les hanches, ce sera le moment d'entrer dans son cheval, en se relâchant de façon que l'on se trouve plus près du centre de gravité ; alors le cheval, plus libre dans tous ses membres, par la répartition égale du poids du cavalier, agira de meilleure grâce.

Par suite de cette combinaison de la part du cavalier intelligent, il arrivera que, si le hasard lui faisait rencontrer un cheval susceptible de plus de sensibilité, même de faiblesse dans l'une ou plusieurs parties de son corps, il sera à même de ménager les parties souffrantes.

Un élève studieux ne tardera pas à s'apercevoir du résultat d'un travail raisonné, en observant la diminution progressive des difficultés que présentait le cheval qu'il aura monté plusieurs fois, et ce sera au fur et à mesure qu'il sentira venir les forces de son cheval qu'il pourra exiger plus d'assurance dans sa position, donc plus de justesse dans l'emploi des aides, plus d'assurance dans ses mains, dans ses jambes et dans son assiette.

Cette leçon nécessite, de la part du maître, la plus grande attention ; aussi doit-elle être donnée autant pour le cheval que pour le cavalier ; car elle peut devenir aussi préjudiciable à l'un qu'à l'autre, attendu que le cavalier est exposé à rencontrer des difficultés imprévues, et que le cheval ne pourrait que souffrir de leur ignorance commune. Il faut même s'abstenir d'admettre la leçon sur un jeune cheval avec celle des chevaux ordinaires d'école. Un grand maître en équitation a dit : « A jeune cheval, jeune cavalier. » Par ce conseil, il indique au maître la nécessité de surveiller son élève dans cette nouvelle carrière.

Il sera essentiel, dans le cours de cette leçon, de faire des questions à notre élève sur les dispositions du cheval qu'on lui fera monter, et de rectifier son jugement sur les causes de refus de la part du cheval dans le travail exigé; et, s'il existe des causes physiques, il sera bon de les lui faire connaître, en lui indiquant les moyens à employer, sinon pour les détruire, du moins pour ne pas les augmenter.

Un précepte que l'on oublie trop souvent, c'est que l'art de l'équitation consiste à se servir de tous les chevaux, quelque tarés qu'ils soient.

TROISIÈME LEÇON

Lorsque notre élève, par suite de la leçon ci-dessus indiquée, saura à volonté obtenir un mouvement soit d'épaule, soit de hanche, on pourra commencer à lui faire chercher à obtenir l'épaule en dedans, le long de la muraille. Pour cet effet, on lui fera mener son cheval droit sur la piste, droit d'épaules, droit de hanches, l'encolure droite, le rassembler sans lui laisser changer sa position, le faire marcher droit au rassemblé, et obtenir d'abord le pli d'encolure. Pour cette opération, on arrondit le poignet gauche, faisant en sorte que la rêne droite, par le contour qu'elle fera sur le petit doigt, se fasse sentir plus que l'autre, qui pourtant doit être en opposition, afin d'empêcher le cheval de rentrer dans le dedans ; et, pour que cet effet de la main ne provoque pas le cheval à s'arrêter ou à sortir les hanches de la ligne des épaules, il faut augmenter la pesée de l'assiette et la pression des jambes. On peut aussi, à l'aide du bridon, faire connaître au cheval l'intention de la main de la bride.

Je n'ai pas cru devoir encore en faire faire usage à notre élève, pour lui donner l'obligation d'apprendre à mener son cheval d'une main ; je lui ferai donc prendre le bridon ou filet à pleines mains, les ongles en dessous, en calculant la longueur des rênes, de manière à pouvoir faire sentir la rêne droite en ramenant le petit doigt, et la rêne gauche en ramenant l'index, et faisant en sorte de pouvoir opposer une rêne à l'autre. Il suffira pour cela de donner plus d'élévation à la main. En général, la main du bridon doit toujours être placée quatre ou cinq pouces au-dessus de celle de la bride, à moins que le cheval porte au vent ; alors on prend le bridon en dessous des rênes de la bride ; mais cela ne peut guère se supposer dans un cheval destiné à la leçon dont nous nous occupons maintenant.

Mon motif, pour avoir jusque alors proscrit l'usage du bridon, est appuyé sur la nécessité d'apprendre à mon élève à mener son cheval d'une main; d'ailleurs, j'ai remarqué que l'usage contracté dans les écoles de faire, dès la première leçon, prendre le bridon, empêche de donner à la main de la bride la position qu'elle doit avoir; de là vient que jamais le cheval n'est droit devant lui, puisque la rêne gauche tenue par le petit doigt, se faisant sentir avec continuité, provoque le cheval à se mettre de travers; ce que le cavalier ne peut empêcher qu'en arrondissant le poignet et en plaçant la main vis-à-vis le milieu du corps, ou perpendiculairement au-dessus des crins du cheval. La preuve de cette assertion, c'est que tous les chevaux de manége sont plus droits à main gauche, parce que la manière de tenir la bride dans la main droite laisse aux deux rênes un effet égal.

On se trompe étrangement en faisant employer le bridon, comme je l'ai vu faire souvent, pour redresser le cheval, puisque, tandis que l'élève, qui ne peut encore aider la main par les jambes, faisant sentir le bridon dont on lui indique l'usage, fait aussi sentir la main de la bride, celle-ci commandant plus impérieusement, l'autre devient nulle, et le cheval trouve deux points d'appui au lieu d'un. Voilà pourquoi les chevaux d'école deviennent insensibles aux aides, et pourquoi aussi les élèves se dégoûtent promptement d'un exercice qui ne leur présente que difficultés et point de jouissances.

Une autre raison de l'endurcissement des chevaux d'école se trouve dans l'habitude où l'on est dans les manéges de les suivre avec la chambrière; aussi l'élève qui mène en même temps son cheval à droite d'une main et à gauche de l'autre serait aussi bien sur un cheval de bois qui agirait mécaniquement.

Nous devons donc pénétrer notre élève de cette maxime, que les jambes font mouvoir le cheval, et que l'opposition de la main donne la direction; ainsi pas de mouvement juste sans l'accord parfait de la main et des jambes, accord qui ne peut s'obtenir sans leur position assurée.

Je ne puis me dispenser de signaler un autre abus introduit dans les écoles, en laissant prendre aux élèves des éperons avant qu'ils aient contracté l'habitude de se servir de la pression des gras de jambes. Les chevaux de manége ont un tact parfait pour connaître les moyens de leurs cavaliers ; ainsi, dès que l'élève porte des éperons, il devient impossible de lui faire apprécier l'effet des jambes.

Je le répète, mon élève ne doit être admis à la leçon des pas de côté que lorsqu'il sera en état de mener son cheval par le droit, bien droit rassemblé, par le secours des aides secrètes seulement. Beaucoup de cavaliers, voulant faire fuir les talons à leur cheval, en fermant la jambe de dedans, écartent la jambe de dehors, ce qui provoque le corps à se pencher vers la jambe dont on fait usage; moyen certain pour être refusé, puisque le poids du corps entraîne le cheval, et que celui-ci cherche toujours à se remettre sous son cavalier.

Il n'est pas de meilleur moyen de faire fuir les talons que de les fermer tous deux à la fois, en augmentant la pesée de l'assiette, comme si on voulait porter son cheval en avant : alors l'opposition de la main détermine le mouvement désiré, en observant que la main sera aidée par les aides du corps. Par exemple, pour faire chevaler l'épaule droite sur l'épaule gauche, il faut dégager l'épaule droite d'une partie du poids du corps qui doit être réparti sur les hanches et l'épaule gauche, celle-ci ralentit par l'effet de la rêne gauche, tandis que la rêne droite, en enlevant le bout du nez, dégage l'épaule droite du poids de la tête du cheval et facilite le mouvement en même temps qu'elle le modère.

Je reviens au bridon dont j'indiquais l'usage à mon élève, pour déterminer son cheval à répondre à l'effet de la rêne droite de la bride, employée pour obtenir le bout du nez.

Le cheval refusant de répondre à la rêne droite de la bride, on l'avise de celle du bridon, en la badinant légèrement; et, si le cheval a répondu, on diminue l'effet de la rêne du bridon jusqu'à ce que l'on croie nécessaire d'y avoir recours de nouveau; et c'est à force d'avoir employé ces moyens, à l'aide l'un de l'autre, que l'on parviendra à tenir le cheval dans le pli, par l'effet de la rêne de la bride aidée de la pression de la jambe. Il est de règle générale que le cheval porte la tête du côté où il se sent pressé.

On indique l'usage du bridon comme une aide moins impérieuse que celle de la bride, dont l'effet est plus susceptible de se faire sentir aux jarrets. Aussi, est-ce la cause que beaucoup de chevaux se défendent, puisque le moindre effet de la bride fait ressentir une commotion dans cette partie la plus délicate de l'animal. La raison en est que la bride appuie sur les barres, et que le bridon n'appuie que sur les lèvres, sans compter la puissance qu'obtient le mors par la ressource de l'éperonnerie.

Il sera bon encore d'indiquer à notre élève l'instant de faire usage de l'appel de langue comme aide de la pression des jambes; je crois que c'est celui où il sent qu'il est prêt de les déplacer pour s'en faire obéir. Il peut encore retarder le moment d'employer le temps de langue, en recourant à l'assurance des genoux.

L'assurance des genoux est un moyen préparatoire indispensable à la pression des jambes. On entend par assurer les genoux, les rapprocher sans les serrer, et faire en sorte que la pression des jambes ne soit que la suite de leur assurance.

Dès que les genoux s'ouvrent, les jambes roulent sur le ventre du cheval, et les éperons arrivent sans que l'on ait eu l'intention de s'en servir.

Je reviens présentement à mon élève, que j'ai laissé menant droit son cheval sur la piste à main droite et au pas rassemblé ; je lui demande de placer son cheval à droite, c'est-à-dire que, les épaules et les hanches étant à une égale distance du mur, il fasse en sorte que l'encolure de son cheval décrive une ligne circulaire à droite, et qu'en le faisant marcher devant lui pas à pas il augmente la courbe de la ligne tracée par l'encolure, et que, lorsqu'il approchera du coin, il avise au moyen de mettre son cheval droit. Pour cet effet il diminuera le commandement de la rêne droite et augmentera celui de la rêne gauche, faisant un usage semblable de ses jambes. Le coin passé, il recommencera ainsi plusieurs fois ; puis nous lui ferons répéter à gauche ce qu'il aura fait à droite. Cette leçon sera répétée jusqu'à ce que l'élève puisse opérer de lui-même.

Maintenant que notre élève est le maître d'obtenir le pli d'encolure aux deux mains, nous lui indiquerons les moyens de faire chevaler son cheval ; d'abord sur la piste à droite, en continuant à mener son cheval au pas rassemblé.

Par suite d'avoir obtenu le pli d'encolure, on amènera les épaules à droite au moyen de la rêne gauche, qui, se faisant sentir tandis que les hanches sont chassées par les jambes, forcera l'épaule droite avisée par la rêne droite à agir en élévation et à chevaler au-dessus de l'épaule gauche, en se portant à droite dans le dedans du manége. (*Voir* pl. VII, fig. 1re.)

Ce premier mouvement obtenu, la rêne gauche doit aviser l'épaule gauche pour la faire porter à gauche, sans que le cheval se déplace; pour cela, tandis que la rêne gauche agit en dessous, la rêne droite doit agir en dessus, de manière à pousser l'épaule droite sur la gauche, pour la forcer à lui céder la place.

On doit concevoir que ce mécanisme des épaules ne peut avoir lieu que dans le cas où les hanches seront maintenues par l'assiette sur la piste et chassées vers les épaules par les jambes.

Il faut se persuader que, le cheval ne pouvant aller en avant et de côté en même temps, on doit perdre d'une part ce que l'on veut gagner de l'autre ; ainsi plus on ira doucement, mieux on réussira.

Ce premier mouvement, que l'on nomme l'épaule en dedans, une fois obtenu, il sera facile de continuer, en conservant l'ensemble des aides, et en laissant quelquefois reprendre le cheval. Pour cela, il suffira de lui rendre la main, et il se redressera de lui-même ; et, si on se relâche de façon à diminuer l'effet des aides sans les éloigner, il s'arrêtera.

En continuant à mener l'épaule en dedans, on l'éloignera de plus en plus de la muraille ; il ne s'agit pour cela que de pratiquer les mêmes moyens d'aides, en avançant l'épaule de dehors ou en effaçant la hanche de dedans, et par suite on pourra passer le coin sans redresser le cheval ; mais, dans cette occasion, on doit soutenir les hanches avec la jambe de dehors, tandis qu'elles seront chassées par celle de dedans, en même temps que les épaules, qui doivent servir de pivot, seront maintenues par la main.

Quand, par suite d'avoir mené l'épaule en dedans, on sera parvenu à placer le cheval la croupe au mur, avec lequel il formera un angle droit, on pourra l'arrêter, en soutenant les hanches par la jambe de dehors, relâchant celle de dedans, rendant la main, et se relâchant de la tête aux pieds. (*Voir* pl. VII, fig. 1re.)

Arrivé au point de pouvoir arrêter son cheval, comme je viens de l'indiquer, on pourra essayer de ramener les hanches par la jambe de dehors. Ce travail présente de grandes difficultés, par l'obligation où l'on est de conserver le cheval placé. (*Voir* pl. VII, fig. 3.)

Je suppose que l'on est à main droite, et qu'en faisant fuir le talon droit on a conservé le cheval placé à droite. Ce travail me présente peu de difficultés, attendu que c'est le bipède droit qui, en chevalant sur le bipède gauche, l'a chassé à gauche. Si donc vous voulez revenir, en faisant fuir le talon gauche, comme vous avez toujours votre action à droite, le cheval doit rester placé à droite, et c'est le bipède droit qui doit maintenant entamer le terrain et entraîner le bipède gauche.

Il faut donc aviser le bout du nez par la rêne droite de façon qu'il puisse entraîner l'épaule droite à faire son mouvement à droite et non en avant, pour que l'épaule gauche puisse à son tour chevaler sur l'épaule droite. Pour cet effet la main doit être plus arrondie, le pouce un peu plus rapproché du corps, en sorte que les deux rênes commandent en même temps ; la rêne droite, en opposant le bout du nez à l'épaule droite, la forcera d'aller à droite en cédant à l'impulsion de l'épaule gauche, obtenue par la rêne gauche.

Pendant l'effet de ce mécanisme de la main, la pression des jambes, aidée de l'assiette, doit maintenir les hanches qui ne manqueraient pas de se dérober, et en augmentant la pression de la jambe gauche, en assurant le genou droit, appuyer sur l'assiette à droite. Ainsi les épaules feront le premier mouvement, et les hanches le second.

Ce travail étant plus pénible que le précédent, il faut y tenir le cheval moins longtemps, et l'arrêter en se relâchant et en lui rendant la main. Une chose qui semble singulière aux adeptes, c'est que dans ce travail il suffise de rendre pour que le cheval s'arrête : la raison en est que le cheval est tellement à la gêne pendant l'action, qu'il ne demande pas mieux que de répondre au temps d'arrêt dont on a fait usage pour le forcer à répondre aux jambes ;

car, s'il a été de côté, c'est parce qu'on l'a empêché d'aller en avant, mouvement qui lui est plus naturel.

Cette leçon, qu'il faut faire pratiquer également aux deux mains, pourra être suivie de la leçon de la tête au mur, en observant de faire placer le cheval du côté où il va; ainsi à droite, en fuyant le talon gauche, et à gauche, en fuyant le talon droit; faisant en sorte de ne pas faire reculer le cheval en voulant le placer. Dans cette leçon, c'est toujours la jambe de dehors qui chevale sur celle de dedans; c'est pourquoi je donne la prééminence à celle de l'épaule en dedans et de la croupe au mur, qui nous apprend à faire chevaler l'épaule du dedans et celle du dehors alternativement. (*Voir* pl. VII, fig. 2.)

Nous avons encore la leçon de l'épaule en dedans, sur le cercle qui présente plus de non succès, par la facilité qu'a le cheval de pouvoir reculer ou avancer. Pourtant elle est moins pénible, attendu que les hanches, ayant plus de terrain à parcourir, sont moins obligées; mais il est plus difficile pour l'élève de régler les mouvements de son cheval. (*Voir* pl. IX, fig. 5 et 6.) Pour la lui faire bien concevoir, on commence par lui faire tracer un cercle régulier, en menant son cheval de la main à la main, c'est-à-dire que les hanches parcourront le même terrain que les épaules. En rassemblant son cheval, il avisera au moyen de maintenir les hanches sur le cercle tracé par l'effet des jambes et de l'assiette, et à l'aide de la main ramènera les épaules en dedans du cercle parcouru par les hanches, pour leur en faire tracer à leur tour un plus étroit, et le placer la tête vers le point central du cercle. Le cheval doit toujours être placé à droite tant que l'on amène les épaules à droite, et à gauche lorsqu'à main gauche on ramènera les épaules à gauche. On opère le changement de main en rentrant dans le cercle, de manière à laisser le point de centre en dehors du travail; et, lorsque le cheval arrive les épaules sur la piste du cercle, en lui rendant la main, il se redressera de lui-même, et, avant de le travailler à l'autre main, il sera bon de le mener quelques pas de la main à la main. En général on doit souvent entremêler le travail sur deux pistes du travail par le droit, attendu que le cheval est plus difficile à mener droit que de travers, aux allures rassemblées, s'entend. (*Voir* pl. IX, fig. 6.)

Lorsque notre élève entendra bien la leçon de l'épaule en dedans, nous lui donnerons celle des hanches en dedans ou en dehors : cette fois ce sont les épaules qui restent sur la piste et les hanches qui en sortent, et ce travail est plus facile, attendu que le cheval, pour éviter les souffrances causées à ses jarrets par l'action du rassemblé, ne demande pas mieux que de dérober les hanches. (*Voir* pl. IX, fig. 1 et 2.)

Les hanches sont ramenées ou tombent en dedans lorsqu'elles se portent du côté où le cheval est placé, ou sont chassées et tombent en dehors quand elles vont du côté opposé au bout du nez; on les ramène par la jambe de dehors, et on les chasse par la jambe de dedans; mais l'assiette est ici l'aide principale; car les hanches deviennent plus mobiles par le manque d'assiette, qui, en les surchangeant, modère leurs mouvements. Il faudra donc, en opposant la main aux jambes, déterminer les hanches à agir, ayant toujours le soin de peser davantage de l'assiette du côté où elles doivent se porter. (*Voir* pl. IX, fig. 3 et 4.)

Lorsqu'à ces différentes leçons l'élève montrera de l'intelligence, on pourra lui faire entreprendre de fermer les changements de main : on appelle fermer un changement de main lorsque, quittant la muraille de gauche à droite, on maintient le cheval placé parallèlement aux deux grands murs, faisant un pas en avant et un pas de côté alternativement : c'est ce que j'appelle maintenir les hanches sur la ligne des épaules, par l'effet de la jambe de dehors. (*Voir* pl. X, fig. 1 et 2.)

Ici la rêne droite amène le bout du nez; la rêne gauche amène les épaules à droite; la jambe gauche chasse les hanches à droite, et la jambe droite porte le tout en avant. Le cheval étant placé le bout du nez à droite, l'épaule droite, par ce fait, empêchée d'aller en avant, s'écarte à droite; et l'épaule gauche, mue par la rêne gauche, chevale sur l'épaule droite, qui se dégage à son tour par l'effet de la droite. Les hanches, actionnées par les jambes, opèrent dans la même direction que les épaules, si elles sont aidées par l'assiette qui doit entraîner le corps du cheval à droite.

Ce travail, qui ne peut s'obtenir que par le concours parfait de toutes les aides, se continuera jusqu'à la rencontre de l'autre muraille, et devra former une ligne, ou, pour mieux dire, deux lignes transversales parallèles : l'une tracée par les pieds de devant, et l'autre par ceux de derrière.

Il faut bien prendre garde que les hanches n'aillent plus vite que les épaules, car alors le cheval serait dans le cas de se croiser les jambes ; et, en arrivant au mur les hanches en même temps que les épaules, il suffira de rendre la main, et le cheval se portera en avant.

Le changement de main, de main gauche à main droite, qui est de quitter le mur à droite pour joindre celui à gauche, se fera de même, en ayant l'attention de changer la position du cheval et de renverser les moyens indiqués pour celui de main droite à main gauche.

Lorsque notre élève saura finir son changement de main en rencontrant la muraille, on pourra lui faire exécuter les contre-changements de deux pistes, afin de le mettre dans le cas de pouvoir changer la direction de son cheval sans le secours des murs.

Pour cet effet, après être entré dans le changement de main par les moyens indiqués ci-dessus, il devra faire en sorte que les aides de dedans qui avisent le cheval deviennent aides arrêtantes; tandis que les aides de dehors, qui étaient aides chassantes, deviendront à leur tour aides avisantes, et que les autres deviennent aides chassantes. Il faut bien faire attention qu'après avoir formé un temps d'arrêt, le cheval doit faire un pas en avant, pour avoir le temps de changer sa position et sa direction; l'instant de former le temps d'arrêt est celui où le cheval est arrivé dans le milieu du manége, et il doit rejoindre la muraille qu'il a quittée dans la position opposée à celle qu'il avait pour arriver au milieu du manége; ainsi, à main droite, il était placé à droite; donc, pour rejoindre le mur qu'il vient de quitter, il doit être placé à gauche. Il résulte de ce travail qu'au lieu d'avoir fait un changemeut de main il a fait deux demi-changements de main, l'un à droite et l'autre à gauche, qui le ramènent à la même main. (*Voir* pl. VIII, fig. 2.)

Ce travail est sans contredit l'un des plus difficiles pour un élève, par l'obligation où il le met d'être le maître de tous ses mouvements; car la moindre variation dans sa position contredirait l'effet des aides, et une fausse indication de leur part désorienterait le cheval. Aussi on ne saurait prendre trop d'attention à ne le mettre à cette leçon qu'en le surveillant de près.

C'est après avoir obtenu le contre-changement de main qu'on passe à la demi-volte. Ici on doit allonger davantage la ligne oblique en prolongeant plus les mouvements du bipède de dedans, puisque le manége, ayant moins de largeur, est toujours de la même longueur. (*Voir* pl. XI, fig. 1.)

Les demi-voltes renversées se commencent comme le contre-changement de main, mais se prolongent comme la demi-volte, dont elles doivent être le contre-pied. (*Voir* pl. XI, fig. 2.)

Quelle que soit la figure que l'on veuille former en menant le cheval des deux pistes, il faut toujours que ce soit l'épaule qui entame le terrain, et il faut faire en sorte que le mouvement de l'épaule soit suivi de celui des hanches; car, si l'épaule faisait deux pas de côté avant les hanches, celles-ci éprouveraient beaucoup de peine à se retrouver en mesure; on ne doit jamais laisser agir les hanches les premières, parce qu'alors ce serait exposer le cheval à un travail que l'on nomme extrapasser, qui lui est très-préjudiciable.

Ce ne sera que lorsque notre élève sera bien le maître d'obtenir de son cheval tous les mouvements que je viens d'indiquer, qu'on lui fera essayer le changement de main de deux pistes au passage.

QUATRIEME LEÇON

Le passage est un trot cadencé et relevé, obtenu par l'opposition de la main aux jambes, aidé par l'assiette, qui, dans cette circonstance, s'obtient par le relâchement des cuisses, afin d'enfourcher le cheval le plus possible et grandir l'enveloppe, ce qui facilite le moyen de faire sentir les jambes plus bas pour enlever, en quelque sorte, le cheval.

Dans cette allure, les mouvements du cheval sont plus lents et plus relevés; c'est que, provoqué à aller en avant par la chasse des hanches obtenue par la pression des jambes, et en même temps empêché par l'opposition de la main, il est obligé d'aller en l'air : aussi, quand par suite de l'intelligence de son cavalier il prend goût à ce travail, il finit par faire, en relevant les pieds, un second mouvement très-distinct du premier qui lui fait présenter le fer à la surface, de manière que le cavalier peut l'apercevoir.

C'est encore dans ce travail que, lorsque le cavalier centralise la puissance des aides, de manière à pouvoir diminuer l'effet de la main sans que le cheval sorte de son ensemble, celui-ci casse la noisette, c'est-à-dire qu'il articule la mâchoire, de façon qu'il frappe la mesure avec ses incisives, et, comme les mouvements sont en sens transversal, chaque fois qu'il pose à terre le pied droit de devant et le pied gauche de derrière, ou le pied gauche de devant et le pied droit de derrière, il approche ses dents comme s'il voulait mordre.

Par centraliser la puissance des aides, j'entends que plus l'aide dont on fait usage se rapproche du centre de gravité, plus on a de puissance sur le cheval ; ainsi, en plaçant le centre de gravité au point de contact de la colonne vertébrale de l'homme avec celle du cheval, l'assiette aura plus de puissance que les cuisses, les cuisses que les genoux; les genoux que les jambes, et moins la main parcourra d'espace, plus l'effet en sera juste.

Les aides artificielles peuvent encore être employées avec succès; il s'agit d'en proportionner l'effet à la disposition dans laquelle se trouve le cheval. Ainsi le temps de langue peut actionner une épaule, une hanche, ou les épaules ou les hanches, si l'on a avisé au moyen de contenir les parties opposées à celle que l'on veut activer. La cravache peut stimuler aussi une ou plusieurs parties, en ne l'employant que comme aide locale, et de façon que ses mouvements ne soient pas aperçus. Les éperons ne pourraient produire qu'un mauvais effet; car on ne peut enfoncer un cheval au rassemblé, et, si on le picotait, on le ferait se défendre; c'est pourquoi on ne doit mener un cheval aux airs relevés que lorsque l'usage des éperons devient inutile pour le déterminer à aller en avant.

Quand notre élève mènera bien son cheval au passage pendant toute une reprise, qui doit être courte, parce que ce travail est fatigant, et qu'il saura ensuite le mener droit au piaffer, qui est une suite du passage, on pourra lui permettre d'essayer la pirouette.

C'est mettre les hanches dans le dedans du cercle par le moyen de la jambe de dehors à laquelle on oppose la main, tandis que la jambe de dedans porte la masse en avant.

L'assiette est ici d'une grande importance pour faire baisser les hanches et retarder leurs mouvements, en les faisant couler sous le centre de gravité. Le cheval doit regarder où il va, ce qui rend le travail plus difficile, parce que la rêne de dedans, qui doit aviser, peut aussi faire reculer ce qui doit être rectifié par l'accord de la jambe de dedans avec la rêne de dedans.

Le changement de main à la pirouette se fera en formant un temps d'arrêt, lorsque le cheval se trouvera sur le diamètre du cercle; puis, par un pas en avant, on change la position du cheval et l'on parcourt autant de terrain à la main opposée, pour aller ensuite en avant au piaffer.

Le piaffer est une allure très-pénible pour le cavalier comme pour le cheval; car l'un, pour provoquer, l'autre, pour figurer l'action de marcher sans avancer, doivent être en harmonie pour user de tous leurs moyens sans employer de force. C'est donc employer la main comme pour arrêter, et les jambes comme pour faire marcher ; alors le cheval prend en élévation ce qu'il ne peut prendre en avant, et il lève les pieds transversalement pour les replacer peu en avant de l'endroit qu'ils ont quitté, ou au même endroit, puis par suite en arrière ; car on recule au piaffer, mais avec beaucoup de modération, puisque alors les jarrets se trouvent en surcharge.

Pour opérer fructueusement, on commencera par gradation à diminuer le train du cheval sans diminuer son action, lui faisant prendre en élévation ce qu'il ne prendra pas en avant ; et, lorsqu'on voudra l'arrêter, il suffira de se relâcher en rendant toute la main. Ici, arrêter c'est rendre, parce que le cheval se trouve trop heureux de sentir diminuer l'emploi des aides qui l'ont mis en action et l'ont amené à une contrainte qui lui est très-pénible.

Pour passer du piaffer à la courbette qui donne de la grâce, à la fin du travail, il faut, en actionnant toujours le cheval, faire en sorte de fixer les hanches par l'assiette, en même temps que l'on allége les épaules ; par ce moyen il prendra son appui sur ses jambes de derrière, et élèvera celles de devant plus ou moins, selon le commandement de la main ; si le cavalier est identifié avec son cheval, il lui sera facile de sentir le moment de rendre, pour ne pas provoquer une pointe ; ce qui ne manquerait pas d'arriver si l'on surchargeait les jarrets outre mesure.

Je l'ai déjà dit, l'usage du cheval entre les piliers est d'un grand secours pour apprendre à l'élève à faire faire à son cheval toutes sortes de pesades, ou à lui faire prendre différents points d'appui. Comme la pointe est presque toujours une défense, on peut, par le moyen des cordes du gros cavèçon, empêcher qu'elle devienne dangereuse, en provoquant le cheval à se renverser.

Par suite du piaffer, on peut arriver à la ballottade ; mais il faut beaucoup d'ensemble pour obtenir ce mouvement ; car il faut saisir le temps où le devant, légèrement enlevé, se rabaisse pour faire quitter terre aux pieds de derrière, ce qui s'obtient en faisant usage des jambes en dessous, ou en touchant légèrement la croupe avec la cravache : il y a aussi un moyen d'aider par l'assiette, en entrant davantage dans le fond de la selle; mais il faut beaucoup de discernement pour en saisir le mécanisme, car ce mouvement de l'assiette ne doit rien changer à la position du corps.

Je considère la ballottade comme l'action diminutive de la cabriole, qui se compose d'une pointe et d'une ruade plus élevée que dans la ballottade, et qui, en raison de son élévation, ne peut s'achever qu'en gagnant du terrain en avant.

Il faut donc, pour obtenir la cabriole, employer plus d'énergie dans la pression des jambes, et se servir de la main avec plus d'élévation; faire usage aussi de la pression des genoux, qui, en donnant plus d'activité au cheval, assure en même temps la position du cavalier.

Dans la ballottade comme dans la cabriole, la ruade ne doit pas être entièrement détachée; par conséquent, elle doit être provoquée avec mesure : pour apprendre à maîtriser le train de derrière, on exerce à la croupade, c'est-à-dire on provoque la ruade par l'effet de la cravache sur la croupe, en même temps qu'on cherche à la rompre par l'opposition de la main et de l'assiette.

Lorsqu'on saura maîtriser le cheval dans toutes les allures ci-dessus indiquées, on pourra encore provoquer la pointe, pourvu que l'on soit sûr que le cheval pourra cesser en répondant à un holà ! C'est, dans la courbette très-élevée, développer les jambes de devant en les allongeant en avant, comme dans la ruade détachée, que l'on peut aussi provoquer; c'est jeter les jambes de derrière en les allongeant, ce que l'on appelle détacher l'aiguillette.

Ce n'est que par une longue étude que l'on peut parvenir à obtenir de son cheval ces différents airs, et en ayant l'attention de ne pas passer à une allure avant de bien connaître l'autre; car elles sont nécessairement la suite les unes des autres : ainsi ne faire fuir les talons que lorsqu'on saura faire marcher droit au rassemblé; ne passer à la courbette que quand on pourra faire marcher juste sur deux pistes ; de la courbette à la ballottade, de la ballottade à la cabriole, de la cabriole à la pointe à volonté, de la pointe à volonté à la ruade détachée.

Ces différents airs doivent être obtenus de

pied ferme d'abord, et ensuite on les essayera en marchant, mais distinctement, comme marcher au rassemblé, marcher à courbette, marcher à croupade, à ballottade, à cabriole; la pointe à volonté ou la ruade détachée doivent finir le travail. Le piaffer à la fin est le *nec plus ultra* de l'obéissance; mais, pour qu'il soit juste, le cheval ne doit ni avancer ni reculer, il doit maintenir les hanches sur la ligne des épaules, et quitter terre en même temps des pieds qui se correspondent transversalement, puis les replacer à la place qu'ils auront quittée, relevant les autres en même temps, de manière que le cheval ne pose que sur deux pieds, l'un de droite et l'autre de gauche, l'un de devant et l'autre de derrière. On obtient ce travail par une centralisation de la puissance des aides vers le centre de gravité, en employant une pression très-énergique des genoux et des jambes en-dessous : l'opposition de la main doit être combinée avec la pesée d'assiette, et la pression des jambes doit s'obtenir sans que les genoux s'ouvrent. Enfin ce travail est le plus difficile à obtenir, et, lorsqu'on y sera parvenu, il suffira de se relâcher en rendant la main pour le faire cesser.

On concevra aisément que, lorsque l'élève sera dans le cas d'obtenir de son cheval de la justesse dans un travail aussi compliqué, il devra être susceptible de sentir le moindre mouvement de l'une ou de plusieurs parties de son cheval : aussi ce sera le temps de le lui faire mener au galop de deux pistes ; le lui demander plus tôt serait l'exposer à se tromper; car ici ce n'est pas une allure naturelle, et le cheval ne s'y prête pas volontiers: elle n'est donc que le résultat d'une combinaison d'aides en opposition les unes aux autres, avec une assurance exacte de la position du corps.

Les changements de pieds au galop présentent de grandes difficultés pour un élève qui ne serait pas assuré ; car, en arrivant à la fin du changement de main, il doit, par le mécanisme des aides, changer le mécanisme du cheval. Si l'on est à main droite, le bipède droit, qui est actif, puisqu'il entame le terrain, doit, au moment où le changement de pieds arrive, devenir passif, et le bipède gauche, qui était passif, doit à son tour devenir actif. Il est donc essentiel de pouvoir alléger du poids du corps le bipède qui doit être actif, pour en surcharger celui qui doit être passif, et de bien saisir l'instant d'opérer ce changement : c'est ici que le cavalier doit avoir recours au relâchement des articulations, pour pouvoir à volonté maîtriser les bipèdes de son cheval, en surchargeant celui qui doit être arrêté, en même temps qu'il allégera celui qui doit être actionné, se servant de la main droite, de manière que la rêne droite qui enlevait le bout du nez et l'épaule droite, et que la rêne gauche qui maintenait l'épaule gauche, changent réciproquement d'emploi, et que les jambes qui maîtrisent les hanches, c'est-à-dire la jambe gauche les appuyant à droite, et la jambe droite les portant en avant, doivent aussi changer réciproquement : l'assurance des genoux est ici d'une nécessité absolue, ainsi que celle de l'assiette, et, au moment où l'épaule du cavalier doit céder la prééminence, celle de dehors à celle de dedans, qui devient celle de dehors à son tour, il faut faire en sorte que ce soit sans faire de mouvements apparents.

J'ai dit ailleurs que le cavalier qui cherche à voir le mouvement des épaules de son cheval s'expose à en contrarier les actions, parce qu'en voulant voir l'épaule on la surcharge presque toujours dans l'instant où elle devrait être allégée, puisque c'est toujours dans le moment où elle doit prendre de l'élévation.

Le cavalier doit donc s'attacher à connaître les mouvements de son cheval par le sentiment des cuisses et de l'assiette ; et voici comment il peut le sentir : quand le bipède droit agit en élévation pour courir à droite, la cuisse droite du cavalier éprouve à chaque temps un mouvement enlevé, tandis que sa cuisse gauche est entraînée uniment. Le mouvement enlevé est ressenti par la cuisse gauche, si le cheval court à gauche, et alors la cuisse droite est entraînée uniment ; il faudrait qu'un cavalier eût bien peu de tact pour ne pas faire cette différence.

C'est pour éviter au cavalier l'inconvénient dont je viens de parler, que je l'engage à regarder loin devant lui et à chercher à mesurer de l'œil le terrain qu'il doit faire parcourir à son cheval.

Quand un cheval court du pied gauche étant à main droite, cela s'appelle courir à faux, et de même s'il court du pied droit étant à main gauche. Dans l'un ou l'autre cas, il est exposé à

BIBLIOTHÈQUE IMPÉRIALE IMPR.

se croiser les jambes dans le tournant, et le travail a moins de grâce.

Quand un cheval étant à main droite court à droite du devant et à gauche du derrière, il est désuni, et son travail est si maussade, qu'il est facile de s'en apercevoir par le balancement qu'éprouve le corps, dans l'assiette surtout. On y remédiera en agissant de la rêne gauche pour ralentir l'épaule gauche, afin de l'opposer à la hanche gauche, qu'il sera facile alors, par la pression de la jambe gauche, de chasser vers la hanche droite, qui rectifiera son mouvement par l'obligation de céder à la hanche gauche.

Il en serait de même si le cheval courait à droite du derrière et à gauche du devant étant à main droite; ici, il faut arrêter l'épaule gauche par la rêne gauche, et enlever [1] la droite par la rêne droite, en maintenant l'action des hanches par la pression égale des deux jambes. La pression du genou serait peut-être d'un bon effet dans cette circonstance, parce qu'elle aide à enle-

(1) Il faut être déjà fort habile pour suivre le conseil que j'indique; mais, comme nous sommes avancés dans nos leçons, je suppose à mon élève toute l'instruction nécessaire; cependant s'il ne se sentait pas assez habile, il serait mieux qu'il arrêtât son cheval.

ver l'épaule droite qu'il faut alléger, en effaçant l'épaule droite.

Si le cheval est à main gauche et qu'il coure à gauche du devant et à droite du derrière, il est encore désuni; il faudra, par l'effet de la rêne droite, ralentir l'épaule droite pour l'opposer à la hanche droite, que l'on ramènera vers la hanche gauche par la jambe droite.

A la même main, si le cheval court à gauche du derrière et à droite du devant, il est encore désuni : arrêter l'épaule droite par la rêne droite et enlever l'épaule gauche par la rêne gauche, en maintenant l'action des hanches par l'assiette et les jambes.

Dans ces circonstances, il faut bien faire attention de ne pas faire usage des aides entraînantes, sans leur opposer les aides calmantes; car il faut que le cheval ait le temps de concevoir ce qu'on lui demande; et, comme presque toujours ce désordre vient d'un faux emploi d'aides ou de défectuosités de la part du cheval, ses idées se brouillent et le désordre augmente; et, pour peu que cela dure, la tête de l'homme, ainsi que celle du cheval, s'échauffe, et ils finissent par ne plus s'entendre.

Il est une aide dont il faut user avec beaucoup de discrétion ; c'est l'appel de langue, qui peut produire un excellent effet, si, par l'usage des autres, on n'a laissé qu'à la partie qui doit agir la faculté de répondre à celle-ci ; autrement, comme le temps de langue peut agir sur toutes les parties du cheval, il pourrait arriver que l'on actionnât l'épaule pour la hanche, la hanche pour l'épaule, ou une épaule pour l'autre, comme une hanche pour l'autre ; il vaudrait donc mieux s'abstenir d'en faire usage.

Ce sera lorsque l'élève comprendra quelque chose à un travail aussi compliqué que celui que je viens de décrire, et que peu d'amateurs connaissent maintenant, qu'il éprouvera les véritables jouissances que l'on trouve dans les ressources de l'art de l'équitation.

Quand, par exemple, il pourra obtenir de son cheval une reprise complète aux airs relevés, il lui sera facile d'en varier les figures ; cela servira à prouver que le cheval ne travaille pas par routine ; ainsi, en doublant devant les piliers, au lieu de parcourir la largeur du manége pour joindre l'autre muraille, il pourra, en formant un angle sur le milieu, faire parcourir à son cheval une ligne parallèle aux deux grands murs, ce que je nomme un doublé étroit, ensuite changer de main et répéter à l'autre main.

On peut aussi le commencer par le bas ; alors, en arrivant aux piliers, au lieu de les traverser on tourne en formant un angle droit avec les grands murs. (*Voir* pl. IV, fig. 2.)

On peut encore doubler en formant les petits ronds ; dans cette figure, il faut, en quittant le mur pour doubler, former un cercle sur le terrain du tournant, en passant deux fois le coin arrondi, reprendre la piste et recommencer ainsi à chaque tournant ; et en sortant du quatrième, entrer dans le changement de main. On entre dans la demi-volte par un rond, ce qui fait passer deux fois le coin, et à la demi-volte renversée on le passe de même deux fois : ce sera donc douze petits ronds dans une reprise. Comme on est obligé de soutenir les hanches avec la jambe de dehors, le changement de main de deux pistes devient plus facile, parce que les hanches sont ramenées à l'avance. (*Voir* pl. XIV, fig. 1.)

Cette figure se pratique d'abord au passage, et par suite au galop, en faisant suite aux doublés étroits qui doivent avoir été pratiqués précédemment.

Viennent ensuite les huit de chiffre, les hanches en dedans. (*Voir* pl. XV, fig. 2.) Pour cette figure, on entre dans le changement de main de deux pistes, et environ une toise avant d'arriver à l'autre muraille, on forme un temps d'arrêt par la jambe de dedans, qui devient jambe de dehors, parce que l'on change la position du cheval en obtenant le pli d'encolure du côté opposé où il était, et on parcourt une portion du cercle les hanches en dedans, jusqu'à ce que, le cheval étant parallèle aux deux grand murs, on prend le changement de main opposé ; et de même, en arrivant à environ une toise de la muraille, un temps d'arrêt, changement de position, et portion de cercle, les hanches en dedans, qui nous ramènent au changement de main interrompu pour le finir; puis répéter à l'autre main. Dans les portions de cercle que l'on fait parcourir aux deux extrémités du huit de chiffre, il faut toujours porter le cheval un peu en avant, pour que la jambe de dehors puisse chevaler sur celle de dedans. Par cette figure, on prouve que le cheval agit par l'impulsion des aides et qu'il n'a pas besoin du secours des murs pour cesser de chevaler.

Quand on saura faire avec justesse parcourir à son cheval les portions de cercle dont j'ai parlé dans la figure du huit de chiffre, on pourra essayer une pirouette; on peut la prendre dans un changement de main, en la commençant au milieu du manége; comme il est essentiel de la faire grande d'abord, afin de ne pas s'exposer à fatiguer les jarrets du cheval, on établira mentalement le point de centre d'un cercle à une toise plus ou moins derrière soi, et on fera en sorte de maintenir les hanches à une distance égale de ce point de centre, en faisant autour un cercle entier qui nous ramènera au point d'où nous serons partis. Dans ce moment les hanches, parcourant un cercle plus étroit que celui que parcourront les épaules, doivent avec les dernières être toujours sur le diamètre du cercle et le pli d'encolure, de façon que le cheval regarde où il va. Peu à peu on diminuera le diamètre du cercle, mais en faisant en sorte que, dans l'exécution, il soit plus facile de l'augmenter que de le rétrécir; enfin on arrivera au point de faire servir les hanches de pivot aux épaules:

c'est le *nec plus ultra* de la pirouette ; mais, je le répète, ce n'est qu'avec beaucoup de temps et de travail que le cavalier peut arriver au point de demander, et le cheval à celui d'exécuter juste.

Quand on sera juste dans l'exécution d'une pirouette simple, on pourra la faire double; pour cet effet, lorsqu'on arrive au point d'où l'on est parti, en formant un rassemblé, on change la position du cheval et on pirouette de l'autre côté; puis on finit le changement de main, en ayant toujours l'attention de placer le cheval à la main où on le mène; car, bien que ce soit plus facile en le laissant placé en dehors, cela a mauvaise grâce, et on peut dire que le travail est faux.

La pirouette s'exécute aux trois allures franches; mais il faut y arriver par gradation, tant pour le cavalier que pour le cheval, et après l'avoir obtenue au galop, on pourra encore la demander à courbette; ensuite on pourra la renverser.

La pirouette renversée est une figure des plus difficiles, en ce qu'elle est pénible pour le cheval, et il s'en rencontre peu qui puissent l'exécuter au galop. Dans cette pirouette, ce sont les épaules qui parcourent le cercle étroit, et la tête qui sert de pivot aux hanches, tandis que le cheval est maintenu droit sur le diamètre du cercle, le bout du nez à droite, en fuyant la jambe gauche, et à gauche en fuyant la jambe droite.

On entre dans le travail de la pirouette renversée en sortant de la pirouette : ainsi on établit deux cercles auprès l'un de l'autre, ce qui forme un huit de chiffre. Les hanches gardent le dedans de l'un des cercles, et les épaules le dedans de l'autre. On peut aussi commencer le huit de chiffre par la pirouette renversée, et le finir par la pirouette; enfin, quand on est arrivé au point où nous en sommes, il n'y a rien de difficile à obtenir d'un cheval.

Une figure bonne à pratiquer, pour s'accoutumer à changer de main sans le secours des murs, c'est de se placer sur une ligne isolée des murs, d'en sortir en faisant fuir un talon, mais en se portant un peu en avant, jusqu'à une autre ligne parallèle à la première; puis, en faisant fuir le talon opposé, de repasser sur la première ligne, jusqu'à une autre parallèle aux deux premières, et revenir encore, ainsi de suite, plus ou moins longtemps, selon que le cheval pourra fournir sans se fatiguer et s'arrêter sur la ligne du milieu. Quand on peut exécuter ce travail au galop, et que le cheval change de pied juste en arrivant sur les lignes latérales, on est déjà savant : il ne faut pas oublier que le cheval doit toujours regarder du côté où il va. (*Voyez* pl. XII, fig. 2.)

Un moyen bon à employer pour se préparer à courir les hanches en dedans du cercle, c'est celui de faire fuir les talons, la tête au mur : on commence au pas, puis on met le cheval au passage, et ensuite au galop ; ensuite, quand on sent le cheval en bonne disposition, on hasarde un tournant, et de suite un autre, ayant le soin d'arrêter avant la fatigue du cheval ou du cavalier ; on doit travailler le cheval également aux deux mains : ainsi le tenir peu de temps à l'une, pour qu'il puisse fournir à l'autre ; en général, il ne faut jamais épuiser les forces de son cheval ; il vaut mieux le finir, en lui conservant les moyens d'agir encore.

J'ai dit que peu de chevaux étaient susceptibles de faire la pirouette renversée au galop ; pour peu que l'on apprécie la contrainte dans laquelle se trouvent les jarrets dans ce travail, on en sera convaincu : si donc on croit pouvoir tâter son cheval, ce sera en lui faisant fuir les talons la croupe au mur, et on hasardera un tournant, en le prenant dans de grandes dimensions; et, si on réussit, on peut en essayer un autre à la main opposée; puis, peu à peu, diminuer la dimension du tournant, ou arrondir le terrain sur lequel on travaille.

C'est dans ce travail que l'assiette doit être employée d'une façon toute particulière; car il s'agit de contenir les hanches et de les soulager en même temps : il faut donc, en relâchant les cuisses, entrer en quelque sorte dans le cheval, et par la pression des genoux, sans les remonter, donner aux épaules une impulsion plus élevée, et les maintenir en l'air tandis que les hanches agissent.

Un élève qui pourrait exécuter ce que je viens d'indiquer, comme travail relevé aux grands airs, et qui le ferait avec raisonnement, pourrait prétendre au titre d'amateur, et on pourrait lui confier l'éducation d'un jeune cheval. Comme nous lui avons déjà fait monter des chevaux à débourrer, nous pourrons prendre d'abord la suite de cette leçon, ensuite nous passerons à la leçon à donner à des poulains.

Quand un cheval est suffisamment assoupli et que l'on sent venir ses forces, on peut commencer à l'assurer dans sa position, en assurant les deux rênes pour fixer son encolure, et en maintenant les hanches sur la ligne des épaules par la pression des jambes, le faire marcher bien droit, prendre les tournants un peu plus carrément, et former souvent des demi-temps d'arrêt, puis des temps d'arrêt, en ayant l'attention de ralentir les hanches par l'effet de l'assiette, avant d'arrêter les épaules par les mains.

Si, dans ce travail, le cheval bourre ou bat à la main, il vous indique qu'il éprouve encore de la faiblesse, il faut attendre encore et le mener avec plus d'aisance. Quelquefois c'est un jeu de la part du cheval, mais il est aisé de s'en convaincre, en employant une légère correction; s'il se soumet, on pourra aller en avant.

Quand le cheval prendra bien les temps d'arrêt, on pourra, en marchant droit et au pas, le placer le bout du nez en dedans, puis en dehors, enfin le maintenir droit d'épaules et de hanches, en obtenant le pli d'encolure.

Cette épreuve se fait au pas, d'abord à la fin

du travail, puis ensuite au trot, ayant soin de le tenir peu de temps ployé et de le redresser avant de passer les tournants. Par suite, quand on arrivera au bout des changements de main, on le conservera quelques pas, placé ou ployé à la main dont il sort, ce qui s'appelle renverser l'épaule au mur : pour l'obtenir, on écarte la rêne et on fait sentir la jambe du côté du mur, tandis que l'on assure la rêne opposée et que l'on appuie sur l'assiette du côté opposé au mur ; puis, pour redresser le cheval, il suffit de lui rendre.

Les premières fois que l'on renverse l'épaule au mur, il faut se contenter d'un ou deux pas ; puis peu à peu en augmenter le nombre ; et, quand le cheval s'y prêtera de bonne grâce, hasarder de passer le coin, en ayant l'attention de ne pas trop engager les hanches ; pour cela, on prendra le tournant de bonne heure, en avisant de la rêne, devenue rêne de dedans, et en soutenant les hanches par la jambe aussi du dedans.

Ce travail apprend au cheval à chevaler, ou à passer ses jambes l'une devant l'autre.

On pourra, par suite de ce travail, dans l'instant où on parcourt le grand mur, essayer de détacher les hanches du mur, en employant les mêmes moyens que pour renverser l'épaule au mur, et puis on essayera de détacher les épaules de la muraille : dans cette circonstance, on place le cheval en dedans par la rêne de dedans, tandis que la rêne de dehors modère son effet, et que les jambes maintiennent les hanches sur la piste. Ici l'assiette aide les jambes en s'appuyant du côté du mur ; quelques pas d'abord, puis redresser et recommencer, et toujours redresser avant de passer les tournants.

Pour préparer le cheval à fuir les talons, on peut former des temps d'arrêt, et, en le remettant en mouvement, lui faire sentir plus en arrière la jambe qu'il doit fuir, en conservant l'autre près ; quelquefois le surprendre par un petit à-coup de jambes, sans jamais lui faire sentir l'éperon ; je le répète, on ne doit jamais picoter ni se servir d'un seul éperon. S'il arrivait que dans son travail le cheval refusât d'obéir aux jambes, ou à l'une d'elles, il faudrait le remettre par le droit et lui faire sentir les deux talons à la fois.

En se servant des éperons avec hésitation ou

sans en avoir l'intention, on apprend au cheval à se mutiner, et il finit par se défendre.

Quand le cheval commencera à chevaler quelques pas, soit en amenant les épaules en dedans, en continuant à trotter, soit en les jetant en dehors, ce qui est sortir les épaules de la ligne des hanches, ou s'il répond à la provocation de sortir les hanches de la ligne des épaules, on pourra à la fin de son travail, en le menant au pas, en cercle, essayer de lui mettre l'épaule en dedans, mais avec discrétion, en se contentant d'un signe d'obéissance pour la première fois.

Un moyen excellent pour décider un cheval à chevaler, c'est de le tenir en place et en demi-action; puis de le faire ranger d'un pas d'abord, puis de deux, et ainsi de suite, et de le finir à l'instant où on a obtenu ce qui lui coûtait le plus.

Ce sera le temps aussi de le faire reculer quelques pas, puis de le reporter en avant. L'action du reculé assouplit les articulations des jarrets, et les dispose à se plier dans celle de chevaler. Il faut reculer droit, en ayant l'attention d'opposer les épaules aux hanches, par l'opposition de la tête aux épaules, par l'effet de la main.

Quand un cheval se refuse à l'action de reculer, il tend ses jarrets et prend de là sa force pour s'appuyer sur les mains : il faut donc chercher d'abord à faire cesser cette tension en faisant baisser les hanches.

Pour cela, il faut augmenter l'effet de l'assiette par le relâchement de la ceinture, et grandir l'enveloppe pour opposer les jambes à la main. S'il persiste, on peut appeler un temps de langue. Si ces moyens ne réussissent pas, il en est un infaillible, c'est d'ajouter à ce qui vient d'être indiqué l'aide de la cravache. Pour cet effet, on croise la cravache derrière, et au moment où le cheval, pour refuser, s'appuie sur les aides dont on fait usage, on l'en frappe sur la croupe, ce qui l'oblige à la baisser et à ployer les jarrets, et dès qu'il a reculé un pas, lui rendre, le caresser, et recommencer sans abuser.

C'est avec beaucoup de discrétion qu'il faut faire reculer un jeune cheval, puisque c'est mettre ses jarrets en contraction : il faut donc exiger peu à la fois ; on ne ferait même pas mal de le faire reculer les premières fois à la main, et, en même temps qu'on lui fait sentir la main pour reporter sa colonne de devant sur celle de derrière, on peut lui toucher les genoux avec la cravache; on peut encore, étant à cheval, faire faire cette action par une autre personne.

Quand on monte les jeunes chevaux dehors, on trouve un bon moyen d'assouplir leurs jarrets; c'est, en descendant un roidillon, de les assurer de la main et dans les jambes, mais peu de temps d'abord; puis, par suite, on le leur fait descendre au petit trot; ils ne manqueront pas d'indiquer la fatigue que cela leur causerait, en battant à la main, alors il faudrait rendre.

Le jeune cheval commençant à s'assurer au travail que je viens d'indiquer, on pourra quelquefois réunir les deux rênes du bridon dans une seule main, et à l'aide des jambes on le dirigera. S'il se soumet, ce sera le temps de l'emboucher avec un mors, doux d'abord, mais en lui conservant un bridon dont le fer soit gros et les rênes longues.

On ne doit mettre un cheval en bride que lorsqu'il répond bien à l'aide des jambes, et les premières fois qu'on montera en bride, il faudra commencer le travail en le menant encore en rênes du bridon séparées, et tenant les rênes de la bride au bouton. A la fin de son travail, on pourra prendre les rênes de la bride ajustée, et assembler les rênes du bridon dans l'autre main; puis faire des essais de direction. Par la main de la bride, aider des jambes et du bridon en même temps, présentant quelquefois l'effet de la bride seulement; mais, à la première incertitude, revenir au bridon. Le cheval répondra plus facilement d'abord au demi-arrêt, parce que les canons du mors agiront sur les deux barres. Pour l'accoutumer à l'effet différent du mors dans la bouche, on arrête le cheval, puis, en prenant les rênes de la bride au bouton, on élève la main au-dessus de la tête du cheval, et, en secouant la main légèrement, on badine les rênes, d'abord droit, puis un peu de côté; et, si le cheval cède en portant la tête, on le caresse. Par suite on tient les rênes au bouton d'une main, et de l'autre, en badinant la rêne, on tâche d'amener le bout du nez peu à peu, jusqu'à ce que le cheval regarde la botte, alors on quitte la rêne et on le caresse sur le chanfrein avec la main bien à plat, car, si on le touchait avec le bout des doigts, il serait moins confiant; de l'autre côté, de même. Si le cheval résistait à la rêne de la bride, il faudrait y joindre la rêne du bridon, ce qui le déterminerait, parce que le bridon commande moins impérieusement.

L'action de badiner les rênes est très-favorable pour assouplir l'encolure du cheval, et on peut s'en occuper en montant le cheval en bridon, dès qu'il reste volontiers en place.

Une observation essentielle à faire à ceux qui commencent à monter de jeunes chevaux en bride, c'est qu'il est avantageux d'avoir la main haute, afin de rendre en quelque sorte les deux rênes participantes aux mouvements ; pour cet effet, on tient les rênes un peu longues. Si la main restait basse, il arriverait que la rêne du dehors, en prenant le contour de l'encolure du cheval, se ferait sentir plus que l'autre, et alors, au lieu d'aviser le cheval par la rêne de dedans, on l'arrêterait par celle du dehors.

Avec un cheval fait, on redoute moins cette contradiction dans l'effet des rênes, parce qu'on peut amener les jambes à leur aide, ce qui, dans un jeune cheval, pourrait le porter à se défendre, puisque ses jarrets se trouveraient plus obligés.

En général, tout ce qu'on exige d'un jeune cheval doit être soumis au développement de ses forces, et quiconque veut trop se presser ne fait que retarder les succès. Si donc un cheval dont on fait l'éducation se refuse à ce qu'on lui demande, il ne faut point passer outre; il vaut mieux rétrograder sans qu'il s'en aperçoive, et le ménager beaucoup.

Si, au contraire, il semble prendre plaisir dans son travail, on peut aller en avant, pourvu qu'on lui laisse toujours quelque chose à désirer; ainsi, quand il sera bien assoupli, et qu'il répondra juste à des demi-arrêts, on pourra essayer de l'embarquer au galop, en faisant en sorte que ce soit à la sortie d'un tournant, afin qu'en parcourant la longueur du manége, on ait le temps de lui rendre et de former des demi-arrêts, pour le préparer au tournant qui se rencontrera, et, s'il ne répondait pas aux demi-arrêts, il faudrait le remettre au trot avant de tourner, et recommencer, pour ne hasarder à passer le tournant au galop que lorsque le cheval se conservera dans la main.

Un cheval se conserve dans la main quand il répond juste aux demi-arrêts; s'il n'y répond pas, c'est qu'il cherche à prendre de l'appui; alors ce serait une témérité que de persister, attendu que le cheval cherche à lutter de force avec son cavalier, et que, comme il est physiquement le plus fort, il doit l'emporter.

Quand on peut monter les jeunes chevaux dehors, ce qu'on doit faire quand le temps le permet, on trouve un avantage à y faire les essais au galop ; ayant la faculté de choisir le terrain, on s'arrange de manière à n'être pas obligé de l'arrêter trop promptement. Le terrain montant légèrement est plus favorable au cheval ; le terrain descendant est pénible, par l'obligation de ployer davantage les jarrets; aussi, comme je l'ai dit plus haut, en descendant une pente douce, au petit trot, ayant les mains hautes et légères, on facilite le développement de leur souplesse.

Je pourrais en dire beaucoup plus. Mais c'est au professeur à surveiller son élève ; car c'est au moment où il commence à sentir le résultat de son travail qu'il est le plus exposé à se tromper, parce que les jouissances qu'il éprouve l'exposent à en demander plus que le cheval en peut fournir.

J'ai dit qu'il fallait toujours laisser à son cheval quelque chose à désirer dans son travail, parce que, lorsqu'il est fatigué, il ne fait plus rien que de mauvaise grâce, et souvent avec humeur ; heureux si on ne le porte pas à se défendre ! . . . .

Il faudrait monter les jeunes chevaux avec l'idée que la leçon qu'on leur donne n'est qu'une préparation à celle qu'on doit leur donner postérieurement. On me dira que cette méthode est lente, j'en conviendrai ; mais je dirai qu'il faut aider la nature au lieu de la détruire, et que les jouissances prises par anticipation peuvent causer un désordre qui se répare difficilement.

Nous sommes assez malheureux de trouver dans les jeunes chevaux des tares, sans nous exposer à en faire naître ; aussi allons-nous essayer d'indiquer la source de plusieurs, et aviser aux moyens qui devraient être employés pour éviter d'en faire sortir aux jarrets des poulains.

Pour terminer les avis à donner aux adeptes qui se trouveront à même de se livrer à l'éducation des chevaux, je leur conseillerai de se conduire selon les facultés des sujets qui leur tomberont en partage.

L'âge est la première observation à faire ; ainsi tout cheval qui n'a pas fait toutes ses dents est considéré comme poulain, et plus il lui reste de dents de lait, plus il exige de ménagement. Il en est qui ont toutes leurs dents incisives, mais dont les crochets ne sont pas tous sortis, qui sont plus humoristes que les autres; ce qui les porte à se défendre.

C'est donc lorsqu'un cheval a fini sa dentition qu'il est propre au travail; mais il n'en demande que plus de soins dans les moyens de l'assouplir; car, comme il a plus de force, il en est plus impérieux; ainsi, quelle que soit la célérité avec laquelle il puisse être mené dans son éducation, il n'en doit pas moins passer par toutes les gradations possibles, et toujours être pris le lendemain à la leçon de la veille, avant de passer à une autre, qui sera à son tour reprise le lendemain, et ainsi de suite. Les leçons trop longues ne valent rien; il vaut mieux les multiplier.

Le cheval qui a fini sa dentition doit être examiné avec soin, et, s'il a des tares, elles doivent être signalées; et le cavalier qui sera chargé de son éducation doit porter toute son attention à n'en pas augmenter l'importance en exigeant trop; il doit, au contraire, aviser aux moyens, non, de les faire disparaître, mais d'en rendre les effets moins nuisibles.

C'est en raison des tares dont est affecté un jeune cheval que l'on doit lui choisir une destination : ainsi le cheval de guerre doit être pur dans sa conformation, car il doit être capable de tout entreprendre. Si, par exemple, il avait les épaules roides ou entreprises, il serait susceptible de manquer de train et de sûreté de jambes ; s'il est affecté dans ses jarrets, il ne sera pas propre au saut de fossé ou de barrière, et il sera peu sûr de lui demander à volter.

Le cheval de chasse n'exige pas autant de perfection, car, s'il pèche par les épaules, il deviendra supportable en s'échauffant ; aussi ne doit-on pas le laisser refroidir, attention que l'on ne peut pas toujours avoir à la guerre. S'il est affecté des jarrets, on lui évitera les sauts de barrières ou de fossés trop larges.

Les chevaux qui présentent les imperfections ci-dessus indiquées sont susceptibles de servir pour le voyage, pour la promenade, et les plus défectueux pour le manége ; c'est même à l'avantage de l'école où on doit apprendre à tirer partie de tous les chevaux, quelque tarés qu'ils soient, car, je le répète, la science en équitation consiste à se servir des chevaux quels qu'ils soient, pourvu qu'on les mette à leur place.

On peut encore utiliser les chevaux défectueux pour le trait; mais je ne suis pas partisan de la manie où l'on est maintenant de mettre à la voiture des chevaux trop fins : pour cet usage, je désirerais donc qu'on ne les attelât qu'à des voitures très-légères pour la promenade sur un terrain uni.

Pour mettre un élève à même de bien connaître les tares, je le renvoie au *Traité d'Hippiatrique* de M. Lecoq, à moins qu'il puisse faire un cours particulier d'hippiatrique.

Une excellente école à Paris est de suivre le Marché-aux-Chevaux; là on peut voir des tares de toutes sortes, et les suites qu'un travail forcé peut produire.

BIBLIOTHÈQUE IMPÉRIALE IMPR.

FIN.

EXPLICATION DES PLANCHES.

Nota. Chaque carré long, comme N. O. P. Q., représente un Manége qui a de largeur le tiers de sa longueur.

Les lignes fines sont celles que décrit le cheval. Les petits arcs, représentant les fers du cheval, marquent la position de ses pieds.

Toutes les figures représentent le terrain que parcourt un cheval travaillant à main droite. On doit répéter à main gauche ce qu'on aura demandé à son cheval à main droite; autrement ce dernier serait souple à l'une des mains et pas à l'autre.

PLANCHE Ire.

Figure 1re. — A, *cheval droit par le large, c'est-à-dire parallèle au mur.*

C E, Comment on passe les coins : on y fait entrer le cheval plus ou moins, comme on le voit en C et en E. D, doubler : on observe les mêmes choses pour doubler que pour passer les coins.

Figure 2e. — *Changement de main à la longe.*

Le cheval F tourne en G, vient en H et tourne à gauche au point L, pour travailler à main gauche.

FIGURE 3e. — *Changement de main droit par le large.*

Le cheval G quitte le mur en F et va joindre l'autre mur en M, où il se trouve à main gauche. La difficulté est de mener son cheval droit de tête, d'épaules et de hanches. Arrivé à la lettre M, on place son cheval parallèlement au mur et le bout du nez légèrement à gauche.

PLANCHE II.

FIGURE 1re. — *Trois cercles, l'un après l'autre et dans les mêmes proportions.*

Le cheval A commence le premier cercle à la lettre B, passe en C, D et E. Il doit rester plié à droite tout le temps qu'il tourne en cercle; d'un cercle à l'autre il doit aller droit, comme en F. Il commencera le deuxième cercle en G pour continuer en H, et il ira droit en I. Il commencera le troisième cercle en K, pour aller en I. Après ces trois cercles, il fera un tour large pour se reposer.

FIGURE 2e. — *Contre-changement de main par des lignes arrondies.*

Cette figure se compose de deux cercles, dans les mêmes proportions que ceux de la figure précédente, liés par une ligne courbe. Le cheval, après avoir fait le premier cercle qui a commencé en B et qui se continue en C, fera la ligne courbe B D E. Avant d'arriver au D, placez votre cheval à gauche, en E, placez-le à droite et continuez le cercle en F, dans le même pli. Pour bien exécuter des lignes courbes, pliez le corps du cheval comme la portion du cercle dont il fait partie, et, pour l'aider, effacez la hanche droite, pour tourner à droite, et la hanche gauche, pour tourner à gauche.

PLANCHE III.

FIGURE 1re. — *Cercles contrariés.*

Commencez-les comme les cercles ordinaires. Après avoir fait en entier le premier qui a commencé en A et B, allez en C, placez votre cheval à gauche et faites un cercle au milieu du manége à main gauche, passez en D pour revenir en E, où vous changerez le pli de votre cheval, pour faire le troisième cercle à main droite, et passez en F et G. Quand ce cercle sera fini, faites un tour large.

Lorsque vous ferez cette figure au galop, arrêtez un temps en C et E, pour changer de pied. Quand le cheval reprendra bien sur l'autre jambe, vous essayerez de changer, sans vous arrêter.

Figure 2e. — *Cercles enlacés les uns dans les autres et dans les mêmes proportions.*

On commence en A pour aller en B, puis de C en D, etc. Tous ces cercles assouplissent le cheval sans le fatiguer, parce qu'il change de place, et le rendent adroit pour faire toutes les autres figures. Il doit rester dans le pli à droite, et, au galop, il devra rester sur le même pied.

PLANCHE IV.

Figure 1re. — *Contre-changement de main par des lignes droites.*

On commence en B ; en C, on redresse son cheval pour aller en ligne droite jusqu'à D, là on fait un second demi à gauche, pour finir cette figure en E.

La difficulté de cette figure est de maintenir son cheval parallèlement aux deux grands murs de C en D.

Figure 2e. — *Doubler par le milieu.*

Le cavalier ayant passé le coin D, tourne au milieu du petit mur du manége, en A, suit la ligne A G et peut tourner à volonté, comme on le voit aux points B, E, G, etc., pour rejoindre le grand mur qu'il avait quitté ; la difficulté de cette figure est de maintenir les hanches dans la ligne des épaules, par la pression de la jambe du dehors et en rendant peu à peu la main, au fur et à mesure que le cheval tourne.

PLANCHE V.

FIGURE 1re. — *Demi-volte.*

Le cheval A tourne en B au milieu du petit mur et vient en C, où il fait un demi à droite et finit sa figure en D. Jusque-là le cheval doit marcher, placé à droite et les hanches dans la ligne des épaules; mais, avant de passer le coin, le cavalier doit placer son cheval à gauche.

FIGURE 2e. — *Demi-volte renversée.*

C'est le contre-pied de la demi-volte.

Le cheval A fait un demi à droite à la lettre B pour aller en C, où il fait un demi à gauche, se redresse afin d'aller droit jusqu'au petit mur où il fera un à gauche. A partir de la lettre C jusqu'au D la difficulté est de mener son cheval parfaitement droit d'épaules et de hanches. Au galop, il faut changer de pied à la lettre C, pour pouvoir tourner aisément.

PLANCHE VI.

FIGURE 1re. — *Volte.*

Le cheval A tourne, en parcourant une ligne courbe, passe en B, et finit cette figure en C. Le cheval étant naturellement disposé à se presser en commençant cette figure, surtout au galop, il sera indispensable de le prévenir en soutenant la main et la jambe du dehors.

FIGURE 2e. — *Changement de main par un demi-tour à droite.*

Cette figure, qui commence à la lettre A et finit en C, présente plus de difficulté que la volte, parce qu'il est plus pénible au cheval de tourner sur un terrain étroit comme en B.

PLANCHE VII.

FIGURE 1re. — *Épaules en dedans.*

Le cheval A amène ses épaules très-peu en dedans jusqu'en B; de C en D, il les amène davantage, et de E en F, il marche en angle droit avec le mur.

FIGURE 2e. — *Tête au mur.*

En arrivant au coin G, on arrête son cheval pour continuer à aller jusqu'en H. De H en I, on va jusqu'en angle droit, et de I en J on diminue progressivement pour mettre son cheval droit avant de passer le coin en K.

FIGURE 3e *et* 4e. — *Croupe au mur.*

Après avoir passé le coin A, on arrête son cheval et on continue ce mouvement jusqu'à la lettre B.

PLANCHE VIII.

FIGURE 1re — *Épaule en dedans en parcourant une ligne courbe.*

Le cheval A continue à marcher droit jusqu'en B. Immédiatement on amène peu à peu les épaules en dedans, en portant le cheval en avant de la jambe du dehors, comme en C. En D on développe un peu plus le mouvement des épaules. Afin que les hanches ne soient pas obligées de s'arrêter, on continue jusqu'en E; mais on laisse le cheval peu à peu se redresser, afin d'arriver en F, le cheval parallèlement au grand mur, où on le laisse aller droit devant lui. Cette figure devra se faire au trot aussitôt que le cheval sera en état de le faire sans efforts.

FIGURE 2e. — *Contre-changement de main.*

Le cheval, arrivé au point A, quitte le mur et se porte, en tenant les hanches, jusqu'au milieu du manége, en B, où il reprend et d'où il se reporte de même vers le mur qu'il avait quitté, où il reprend encore.

PLANCHE IX.

FIGURE 1re. — *Hanches en dehors.*

On commence en A, en B, puis en C et en D.

FIGURE 2e.

Même figure, pour être faite à main gauche.

Figure 3°. — *Hanches en dedans, en cercle.*

Le cheval en A, après avoir fait un cercle par le droit, mettra les hanches en dedans, sans reculer en B et en C. On finit ce travail comme on l'a commencé en allant droit.

Figure 4°.

Même figure, pour être faite à gauche par les moyens inverses.

Figure 5°. — *Épaules en dedans, en cercle.*

On commence en A.

Figure 6°. — *Changement de main dans le cercle.*

Le cheval A, arrivant en B, va droit et parcourt la ligne C et D. Après avoir marché deux pas à main gauche, il remet l'épaule en dedans.

PLANCHE X.

Figure 1re. — *Changement de main en tenant demi-hanche.*

La seule différence de ce changement de main avec les précédents, c'est que, le cheval B allant un peu de côté, les pieds de derrière ne décrivent pas la même ligne que ceux de devant et arrivent au mur opposé après ceux de devant, comme en C.

Figure 2°. — *Changement de main en tenant des hanches ou fermant tout à fait.*

Le cheval, en se portant de B en C, reste parallèlement au mur.

PLANCHE XI.

Figure 1re — *Demi-volte en tenant des hanches ou fermant tout à fait.*

Le cheval, en A, continue a aller droit jusqu'en B; là il commence à fermer et ne finit qu'en C.

Figure 2e. — *La demi-volte renversée.*

On commence en A, on marche de deux pistes de B en C. En D, on place son cheval à gauche en le maintenant droit jusqu'au milieu du petit mur et à gauche. Au galop, il faut changer de pied, en arrivant à la lettre C.

PLANCHE XII.

Figure 1re — *Plusieurs contre-changements de main.*

Ce travail se répétant plus souvent dans la même longueur du manége, il faut que le cheval soit plus raccourci pour pouvoir plus aisément chevaler de droite à gauche et de gauche à droite.

Le cheval A commence à appuyer à droite en B, et va jusqu'en C, placé à droite; à la lettre D, on place son cheval à gauche pour appuyer à gauche jusqu'en E. En F, il appuie les rênes à droite, et ainsi de suite. J'engage à changer de main chaque fois qu'on change le pli.

Figure 2e — *Contre-changements de main dans le milieu du manége.*

Après avoir réussi les contre-changements de main précédents, on doit essayer ceux-ci. Ils sont plus difficiles parce qu'ils sont plus raccourcis que les précédents et qu'il n'y a pas de mur. Il faut que le cheval soit bien assoupli et bien dans l'obéissance des aides, pour faire cette figure au galop.

PLANCHE XIII.

Figure 1re. — *Volte.*

Le cheval A passe en B, C et D. Je ferai remarquer que, pour tourner en B, le cheval doit se préparer à l'avance, afin de ralentir ses hanches et activer ses épaules.

Arrivé en C, il se retrouvera parallèlement au mur. Au galop, il faut beaucoup aider par l'enveloppe et tenir les rênes bien souples pour que le cheval ne se défende pas.

FIGURE 2e. — *Volte renversée.*

C'est le contre-pied de la figure précédente; elle commence en A et finit en D. Arrivé en B, il faut déjà ralentir les épaules et activer les hanches, afin de pouvoir tourner sans rencontrer trop de difficulté, car c'est de la lettre E jusqu'en D que ce mouvement est très-difficile et surtout au galop.

PLANCHE XIV.

FIGURE 1re. — *Petits ronds.*

Le cheval, partant du point A, tourne au point B et parcourt une ligne courbe, puis passe en C et D. On fait successivement un petit rond dans chaque coin et aux trois allures; ce travail assouplit beaucoup les chevaux, mais il ne faut pas en abuser. Le cavalier doit beaucoup aider son cheval par sa posture en reculant la hanche du dedans ou en avançant l'épaule du dehors, et il doit le diriger en laissant assez de souplesse aux rênes, pour éviter de donner trop d'appui sur la main, afin de prévenir toute espèce de défense. Il doit, en dernier lieu, activer son cheval par la jambe du dedans et maintenir plus ou moins celle du dehors, selon la difficulté du cheval, c'est-à-dire employer moins de jambe du dehors s'il ne voulait pas bien tourner, et plus s'il tournait trop vite.

FIGURE 2e. — *Cercles diminués.*

Le cheval va de A vers B.

Mettez en pratique les avis que j'ai donnés ci-dessus, c'est-à-dire pliez le cheval en dedans, et pressez davantage la jambe du dedans en maintenant celle du dehors.

FIGURE 3e. — *Cercles augmentés.*

Le cheval va de B vers A.

Pour cette figure, il faut plus de jambe du dehors et moins de jambe du dedans.

Figure 4e. — *Cercles diminués et augmentés.*

Le cheval A suivant la ligne ponctuée s'approche du centre, et, en reprenant la ligne pleine, il s'en éloigne, travaillant toujours à la même main. Quand le cheval exécute ce travail aux trois allures, on peut espérer tout de lui.

PLANCHE XV.

Figure 1re. — *Huit de chiffre.*

Le cheval A, faisant un changement de main de deux pistes, se dirige vers B, et de ce point il fait un cercle, les hanches en dehors, passe en C et D, et vient commencer le second cercle en E, les hanches en dedans, menant toujours la tête avant les épaules et les épaules avant les hanches, il se dirige vers F et G, d'où il reprend le changement de main pour aller vers H. Le cheval doit conserver la même position tout le temps de cette figure, et, au galop, il doit rester sur le même pied.

Il faut, dans les commencements, arrêter son cheval, jusqu'à ce qu'on le sente assez bien disposé pour continuer.

Figure 2e. — *Autre huit de chiffre.*

Le cheval A commence cette figure comme un changement de main fermé de B en C. Arrivé à ce point, il doit faire un temps d'arrêt, changer le pli (au galop changer de pied), et se diriger de D en E, tourner jusqu'en F, où les hanches tournent presque sur place; de G en H, faire un changement de main fermé, comme de B en C. A la lettre J, changer le pli, appuyer jusqu'en K et tourner en L en pivotant, et finir cette figure à la lettre M.

Pour faciliter au cheval l'exécution de cette figure, reculez la hanche du dedans et enfourchez-le autant qu'il vous sera possible.

Je rappellerai qu'il faut faire toutes ces figures aux deux mains, et, quand le cheval ne s'y prête pas de bonne grâce, il faut avoir plus de patience jusqu'à ce qu'il ait compris, et quelquefois oublier une de ces figures, jusqu'à ce qu'il soit plus docile ou plus instruit.

FIN DE L'EXPLICATION DES PLANCHES.

Pl L.

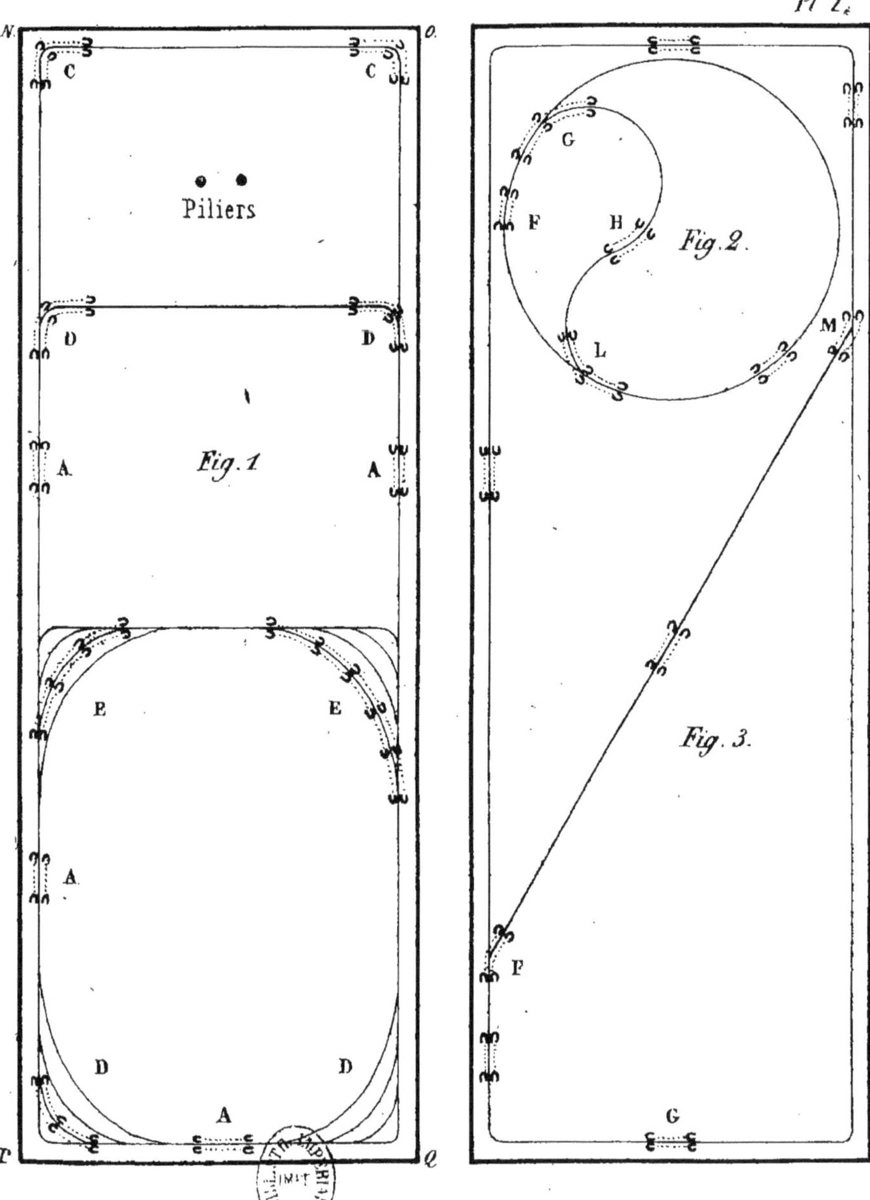

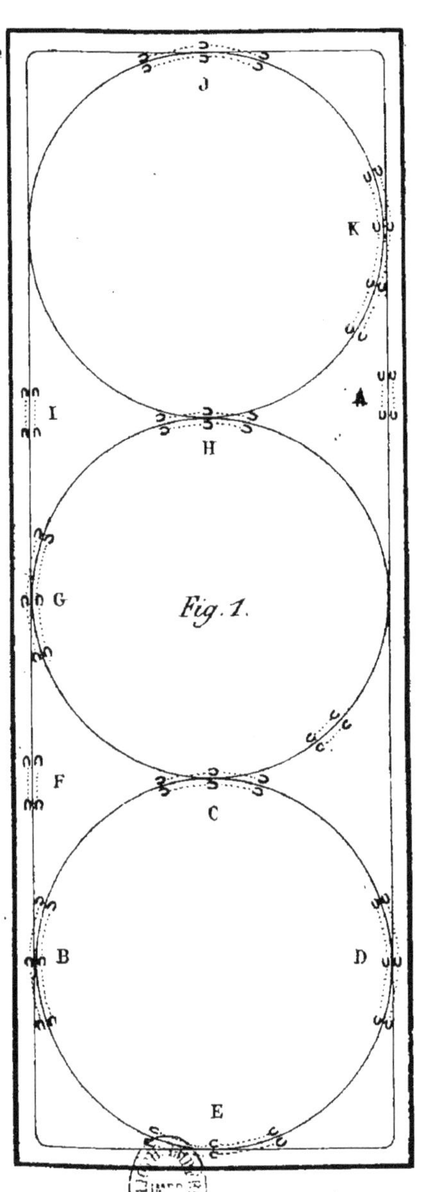

Fig. 1.

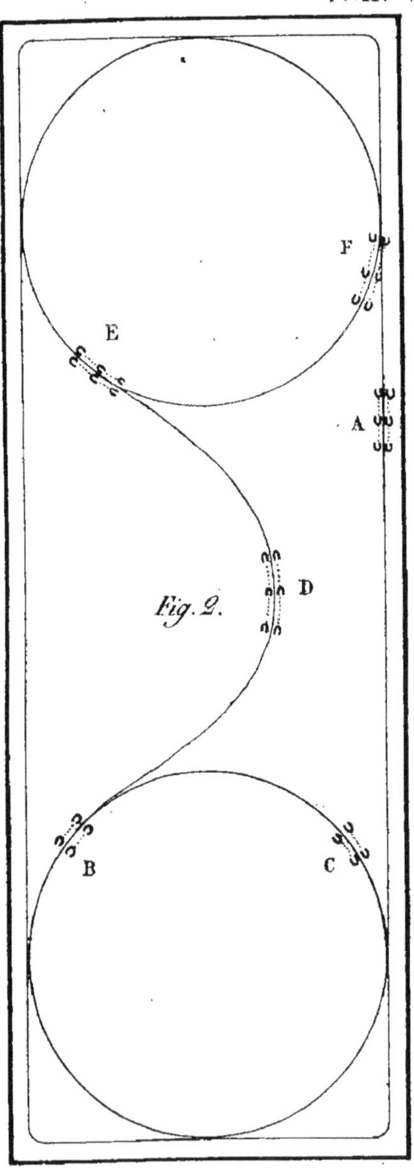

Fig. 2.

Pl. III.

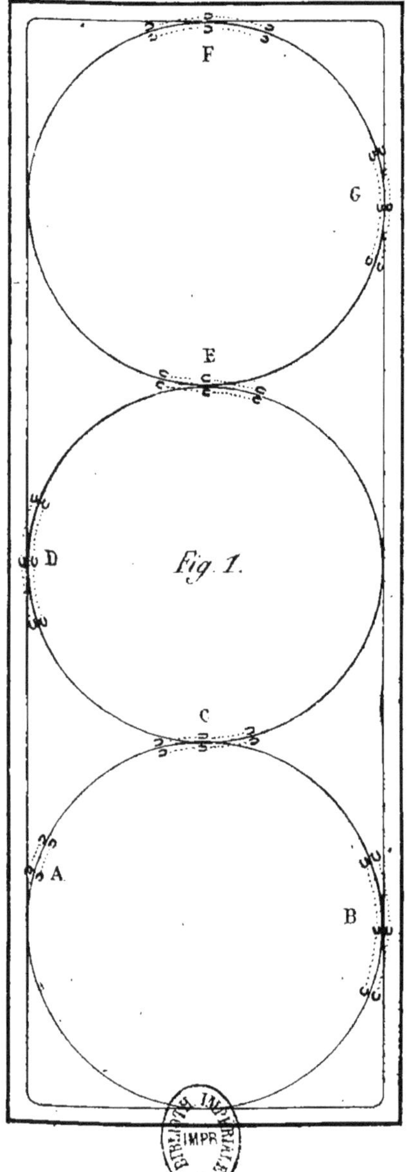

Fig. 1.

BIBLIOTH. IMPÉRIALE IMPR.

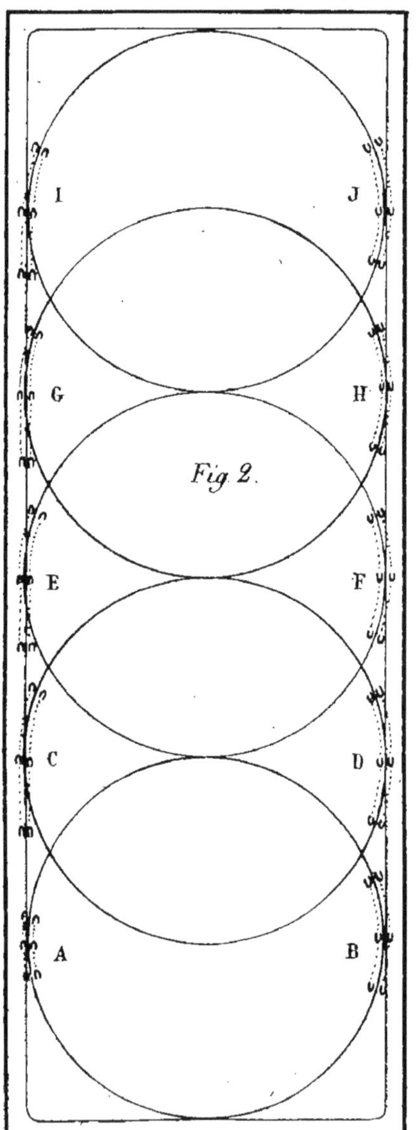

Fig. 2.

Pl. IV.

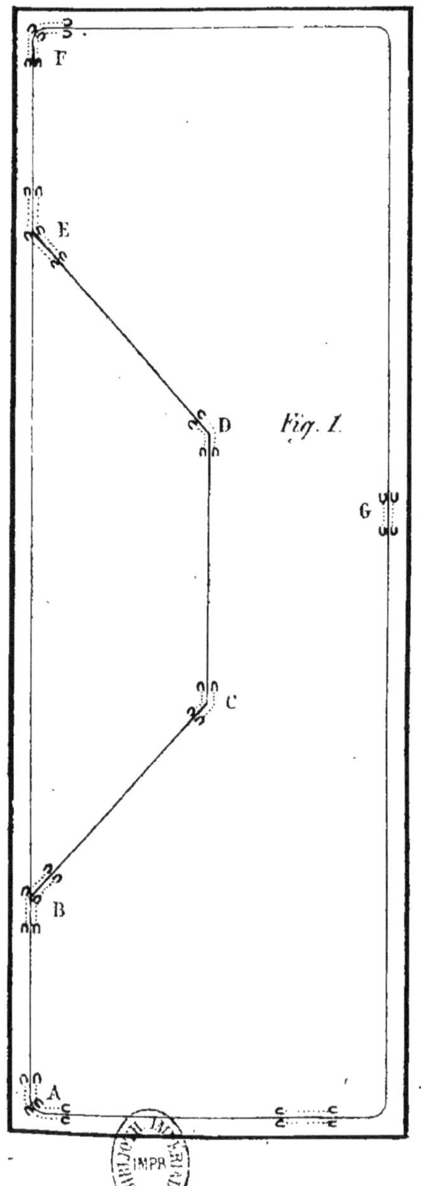

Fig. 1.

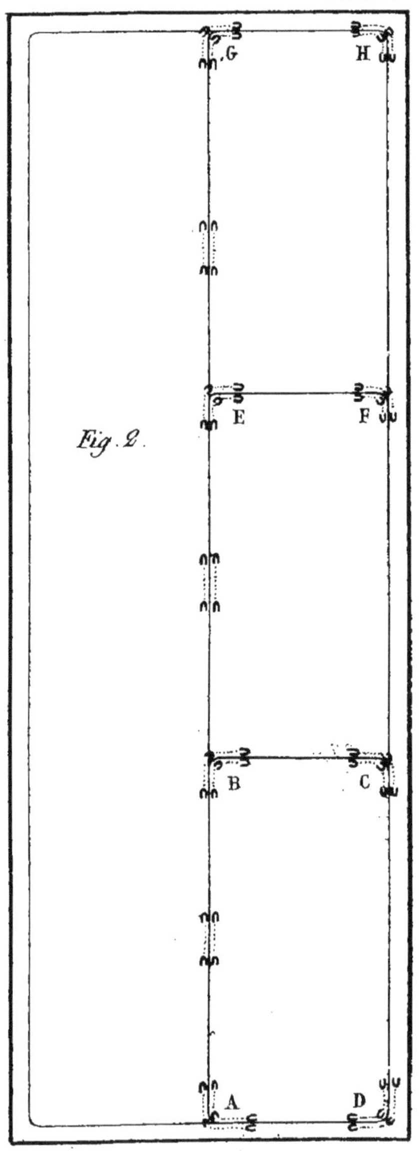

Fig. 2.

BIBLIOTH. IMPERIALE IMPR.

Pl. V.

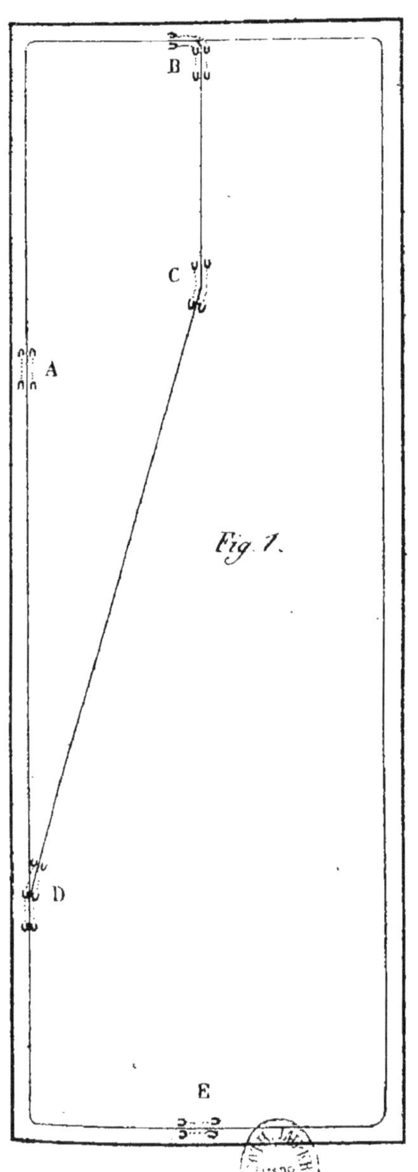

Fig. 1.

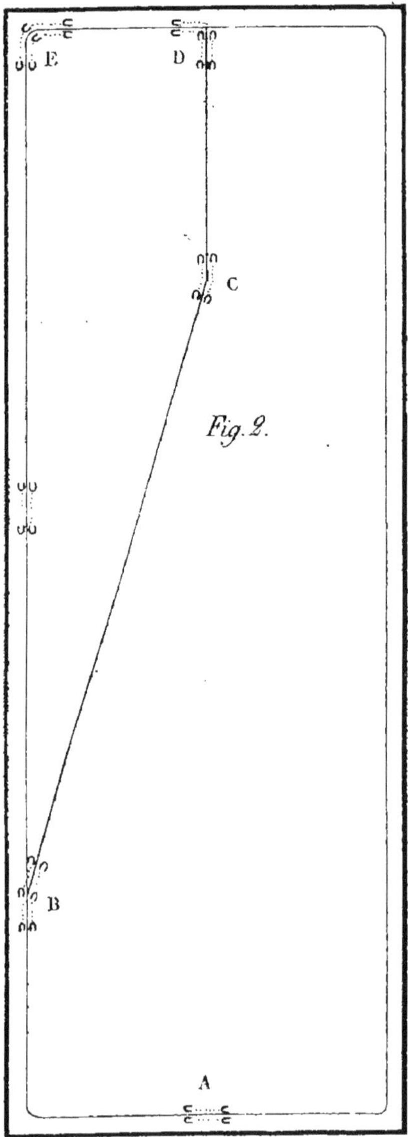

Fig. 2.

BIBLIOTHÈQUE IMPÉRIALE IMPR.

Pl. VI.

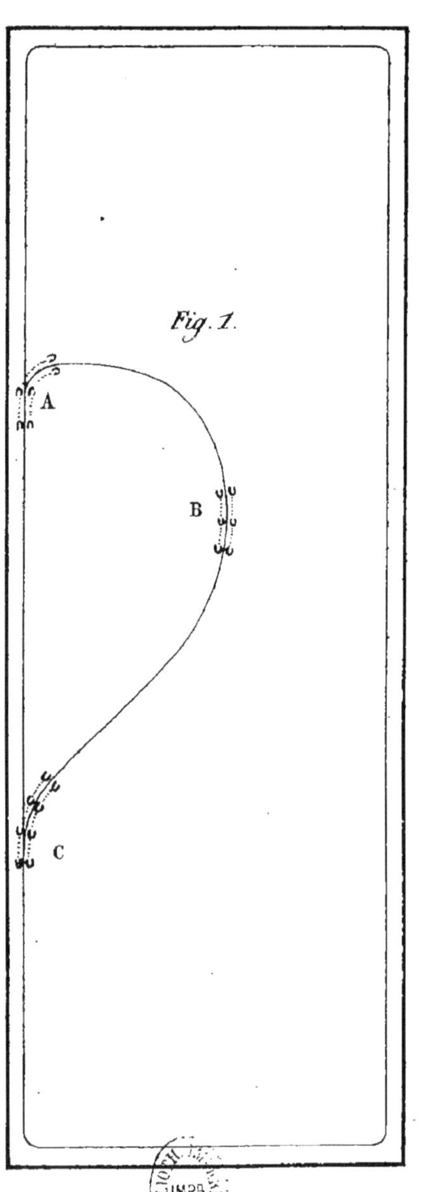

Fig. 1.

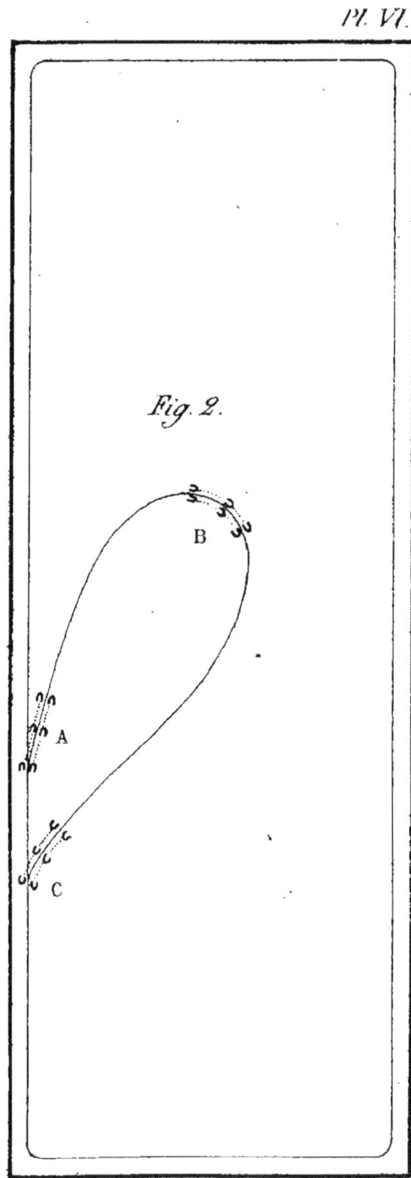

Fig. 2.

BIBLIOTH. IMPR.

Pl. VII

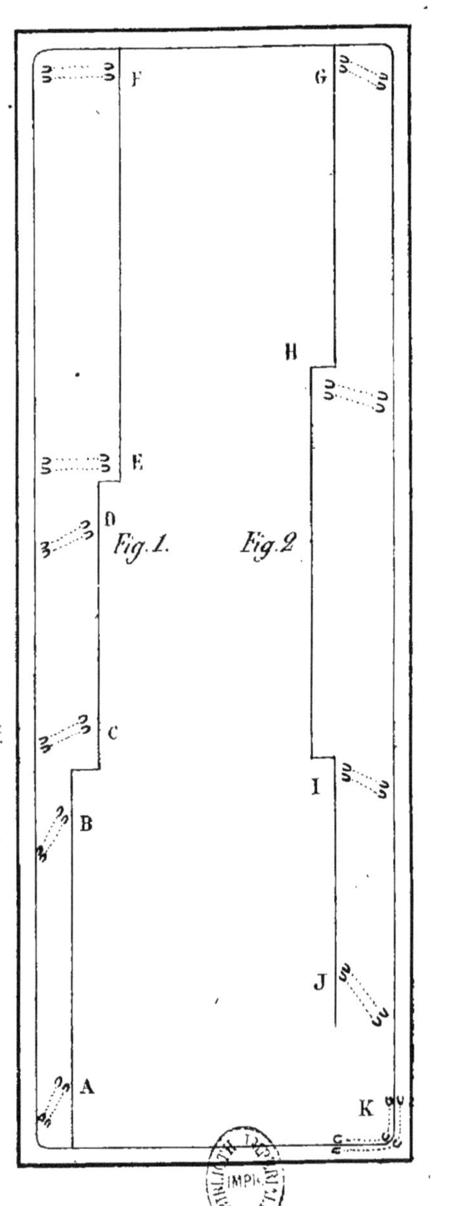

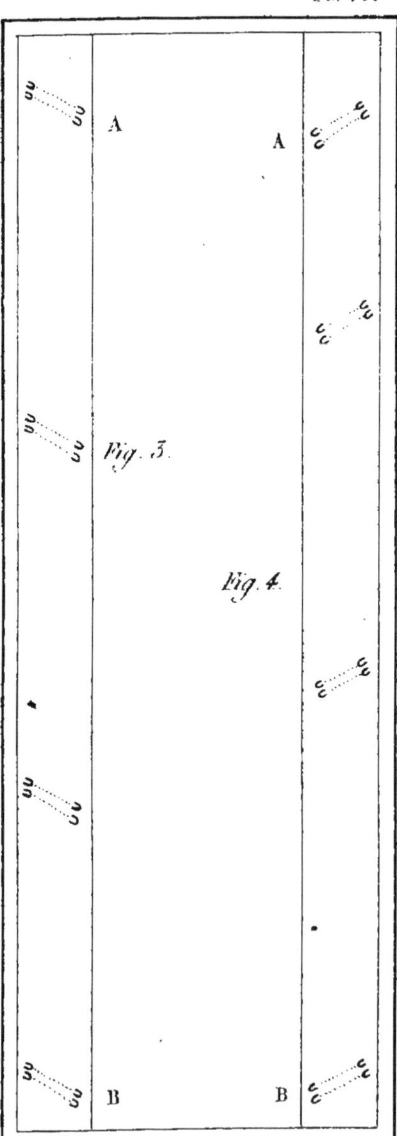

BIBLIOTH. IMPÉRIALE

Pl. VIII.

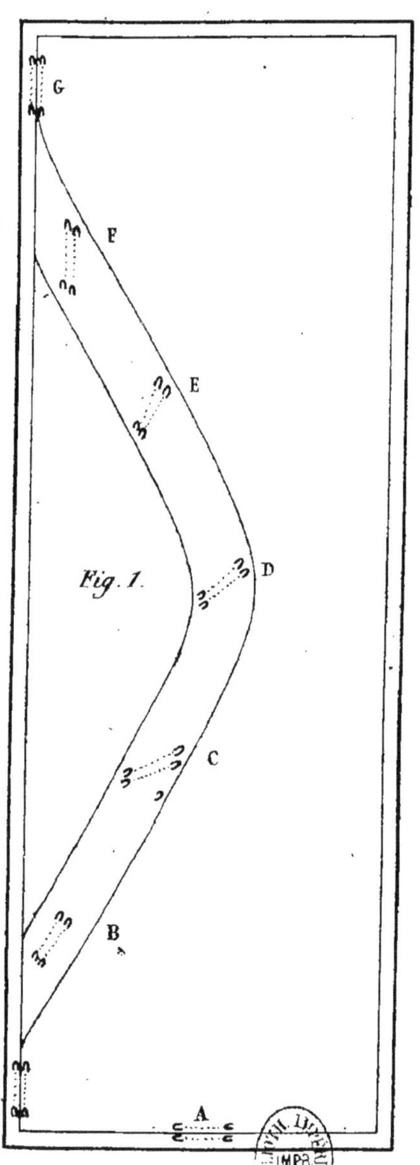

Fig. 1.

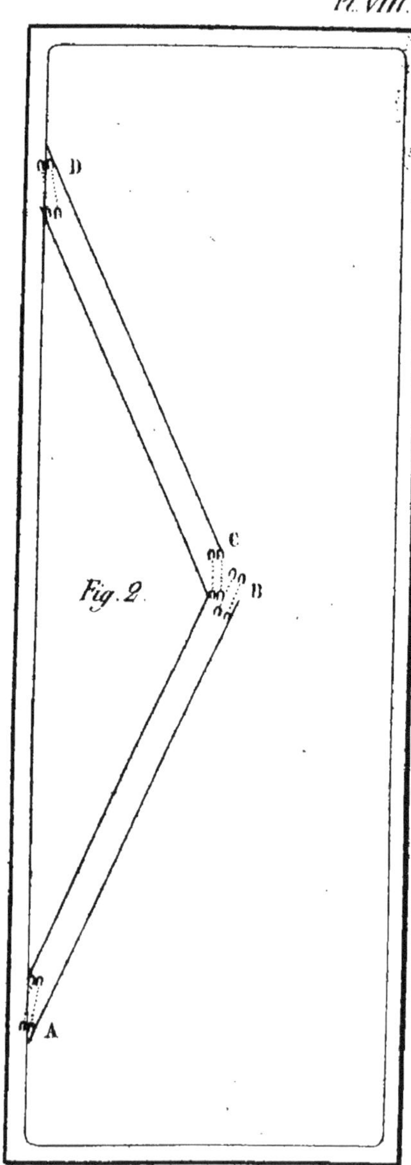

Fig. 2.

IMPR.

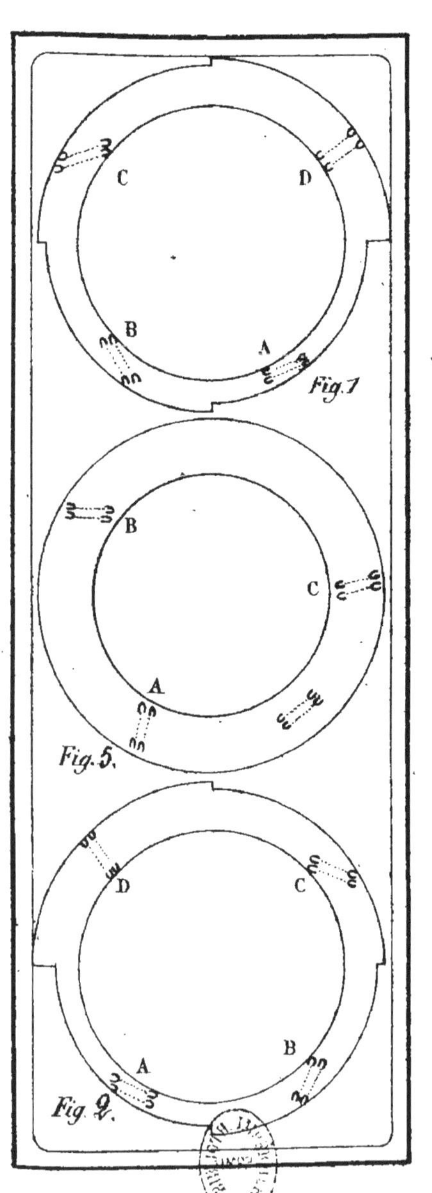
C
D
B
A
Fig. 1
B
C
A
Fig. 5.
D
C
A
B
Fig. 2.

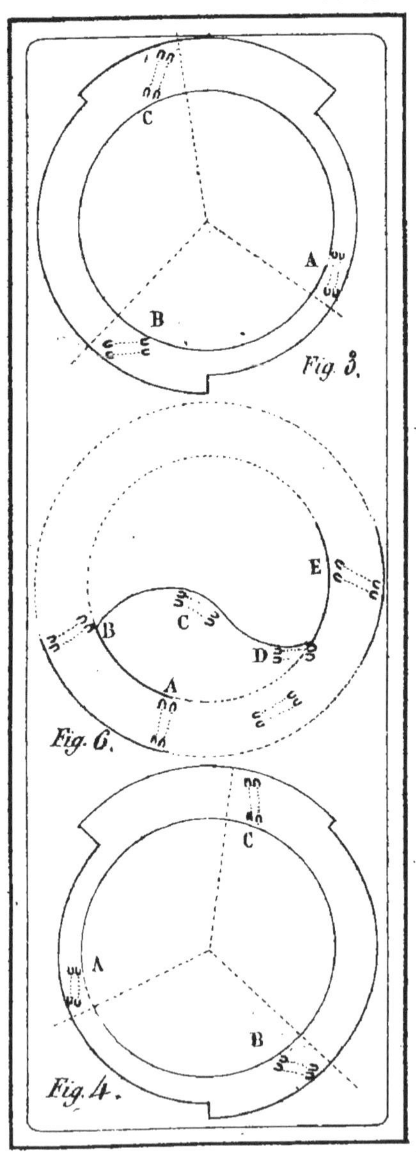
C
A
B
Fig. 3.
E
B
C
D
A
Fig. 6.
C
A
B
Fig. 4.

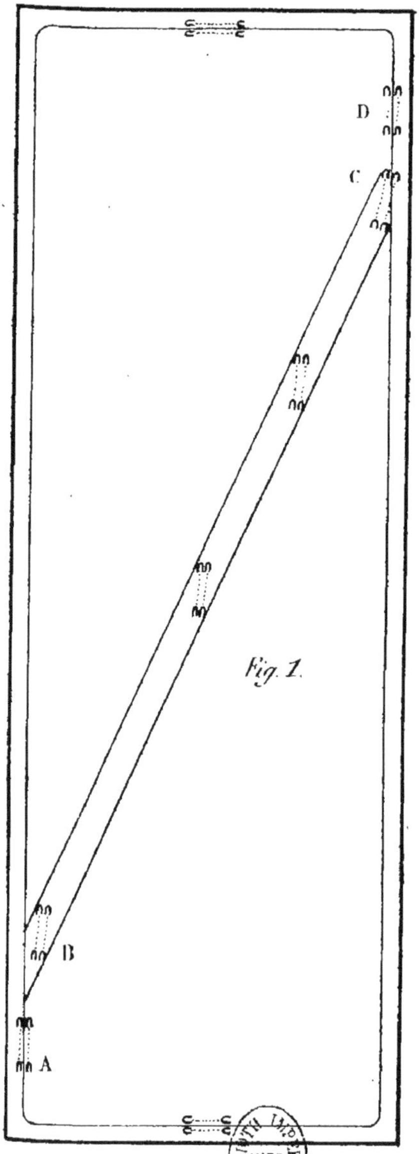

Pl. X

D

C

B

A

Fig. 1.

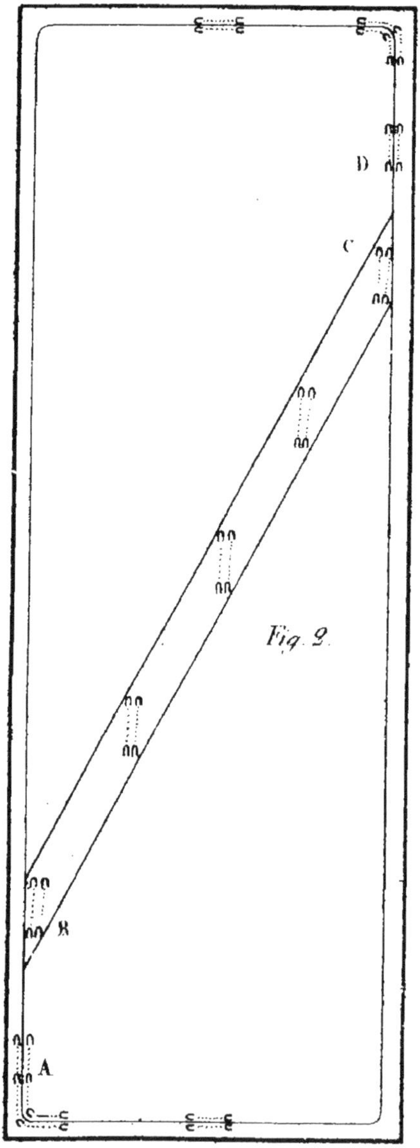

D

C

B

A

Fig. 2.

BIBLIOTH. IMPÉRIALE IMPR.

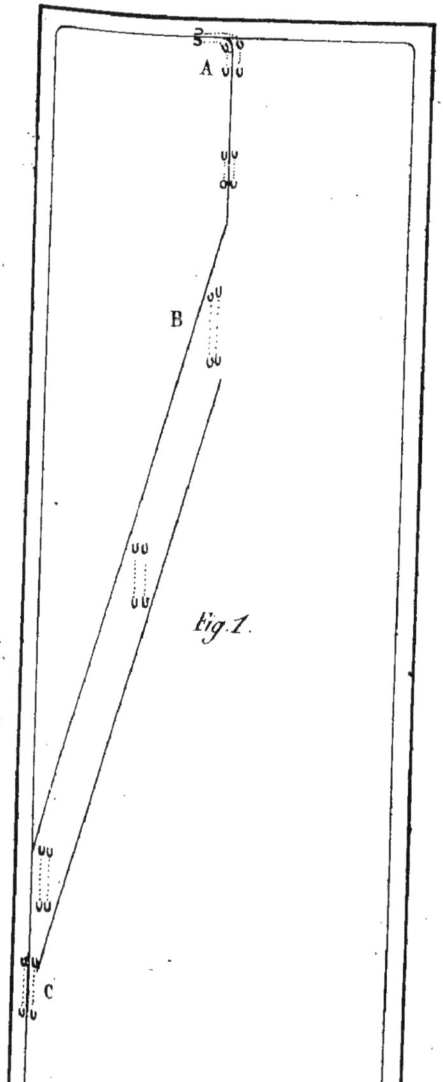

Pl. XI.

A

B

C

Fig. 1.

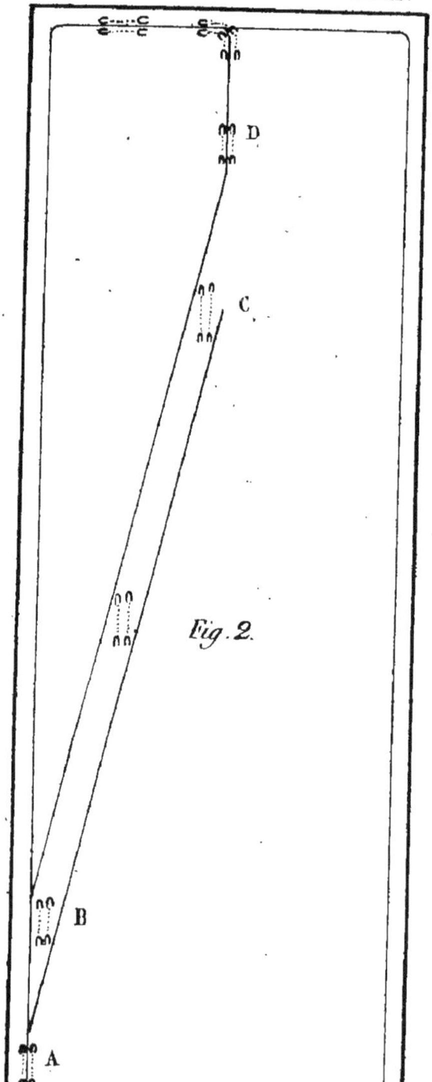

D

C

Fig. 2.

B

A

BIBLIOTH. IMPÉRIALE IMPR.

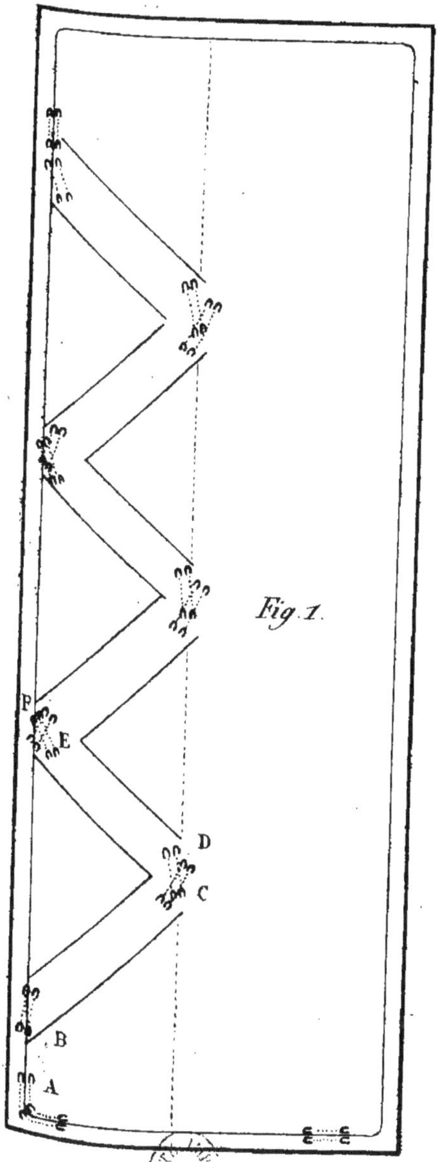

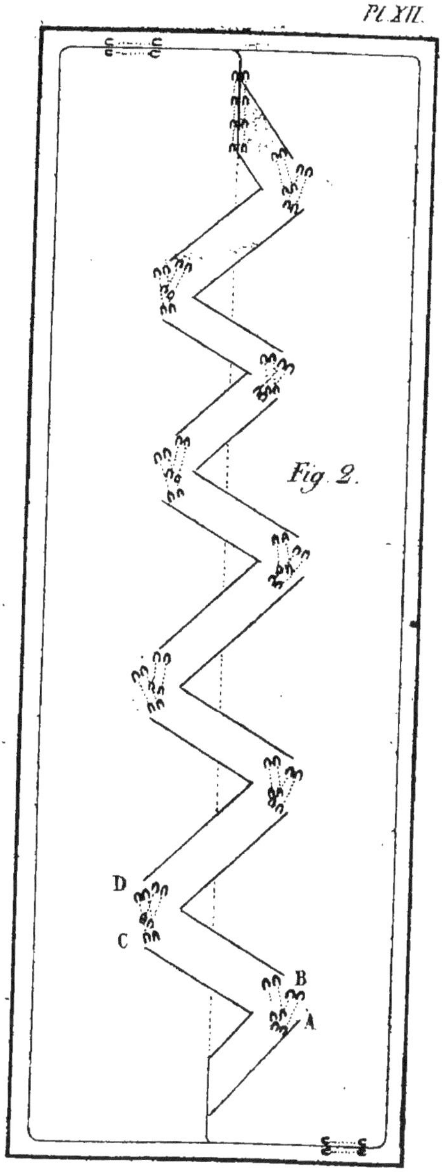

Pl. XII.

Fig. 1.

A B C D E F

Fig. 2.

A B C D

BIBLIOTHÈQUE IMPÉRIALE

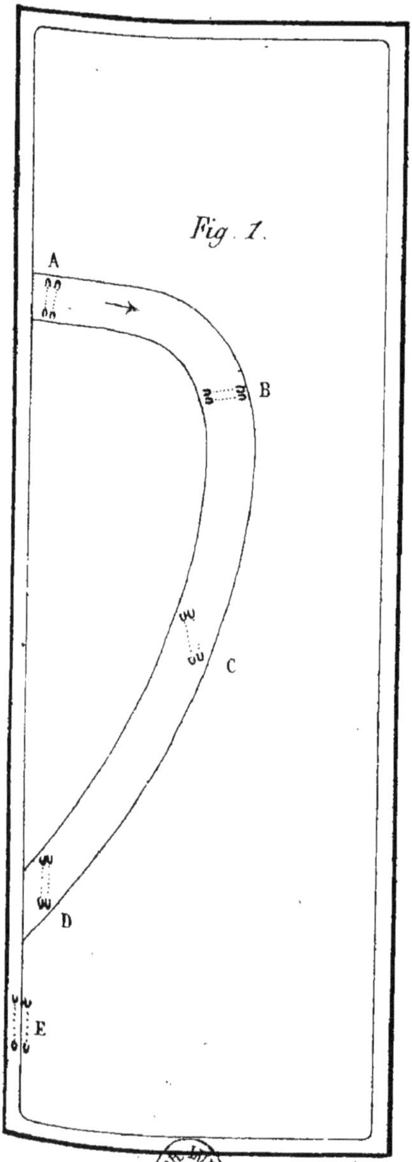

Pl. XIII.

Fig. 1.

A

B

C

D

E

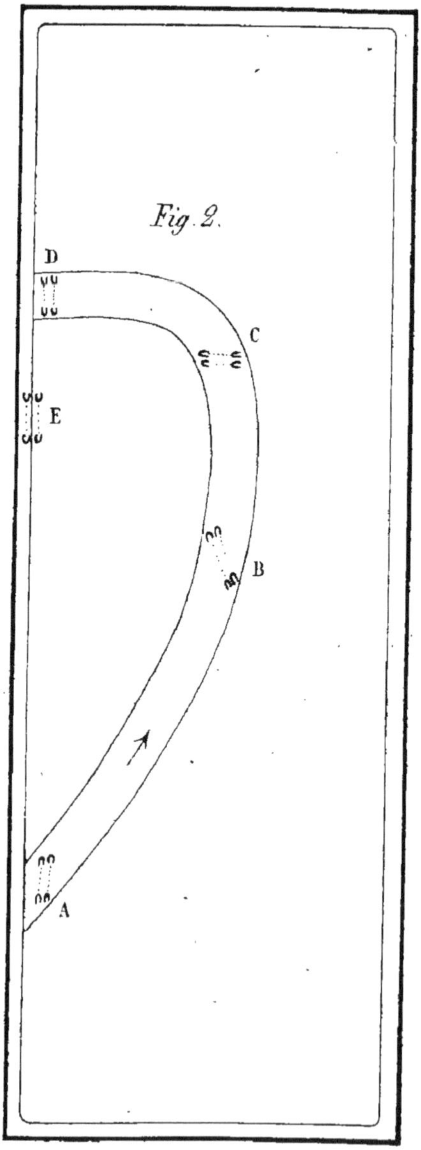

Fig. 2.

D

C

E

B

A

BIBLIOTHÈQUE IMPÉRIALE IMPR.

Pl. XIV.

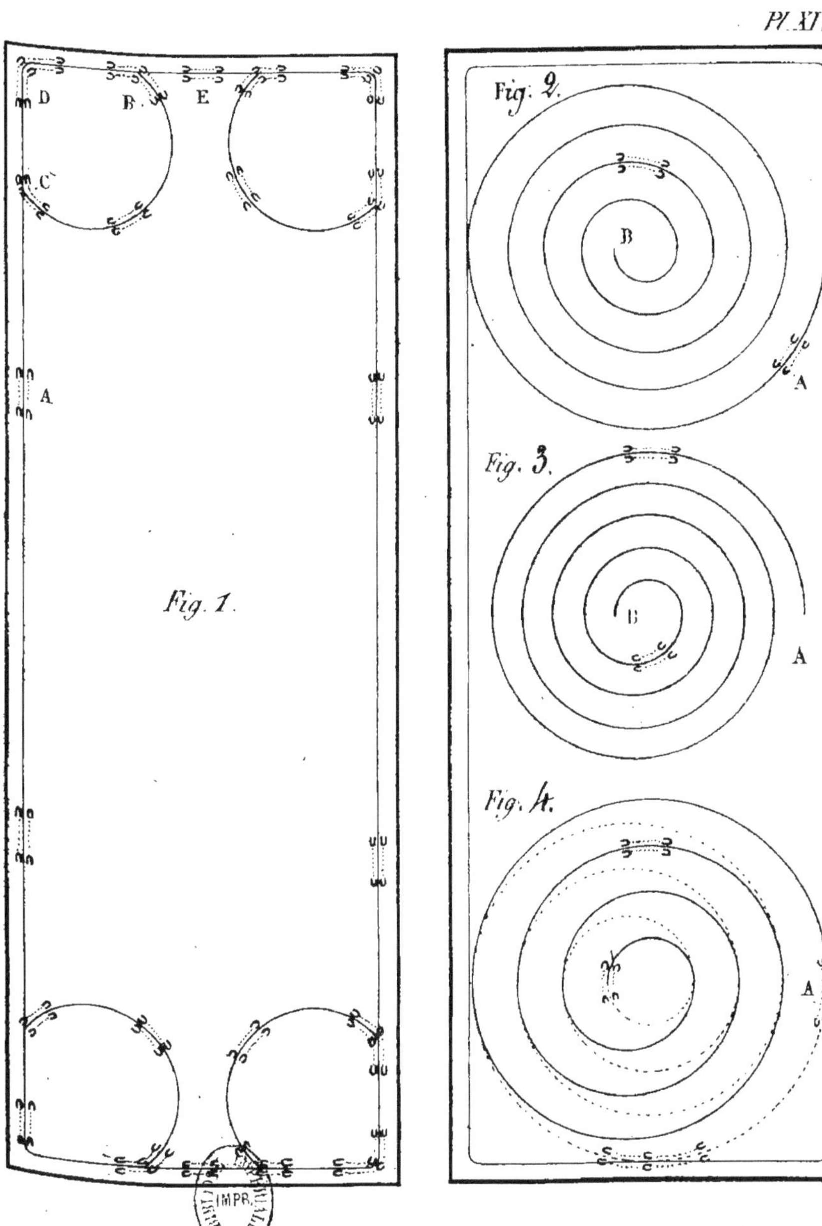

Pl. XV

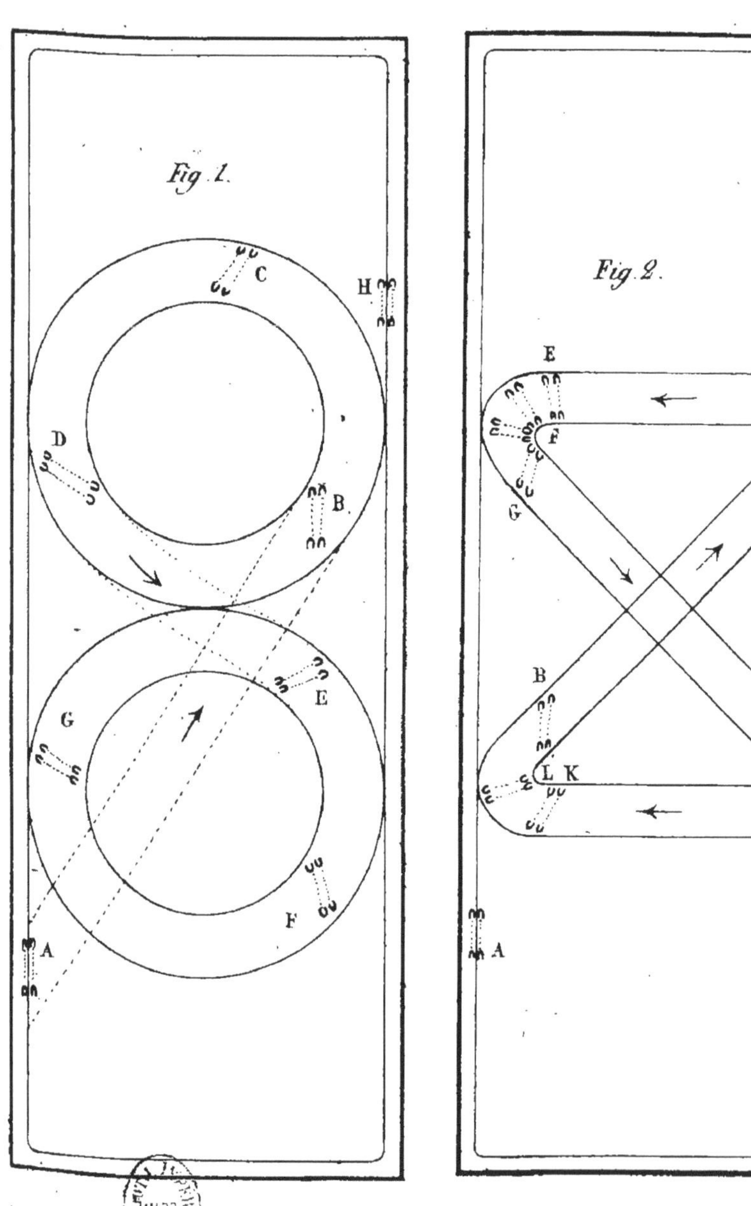

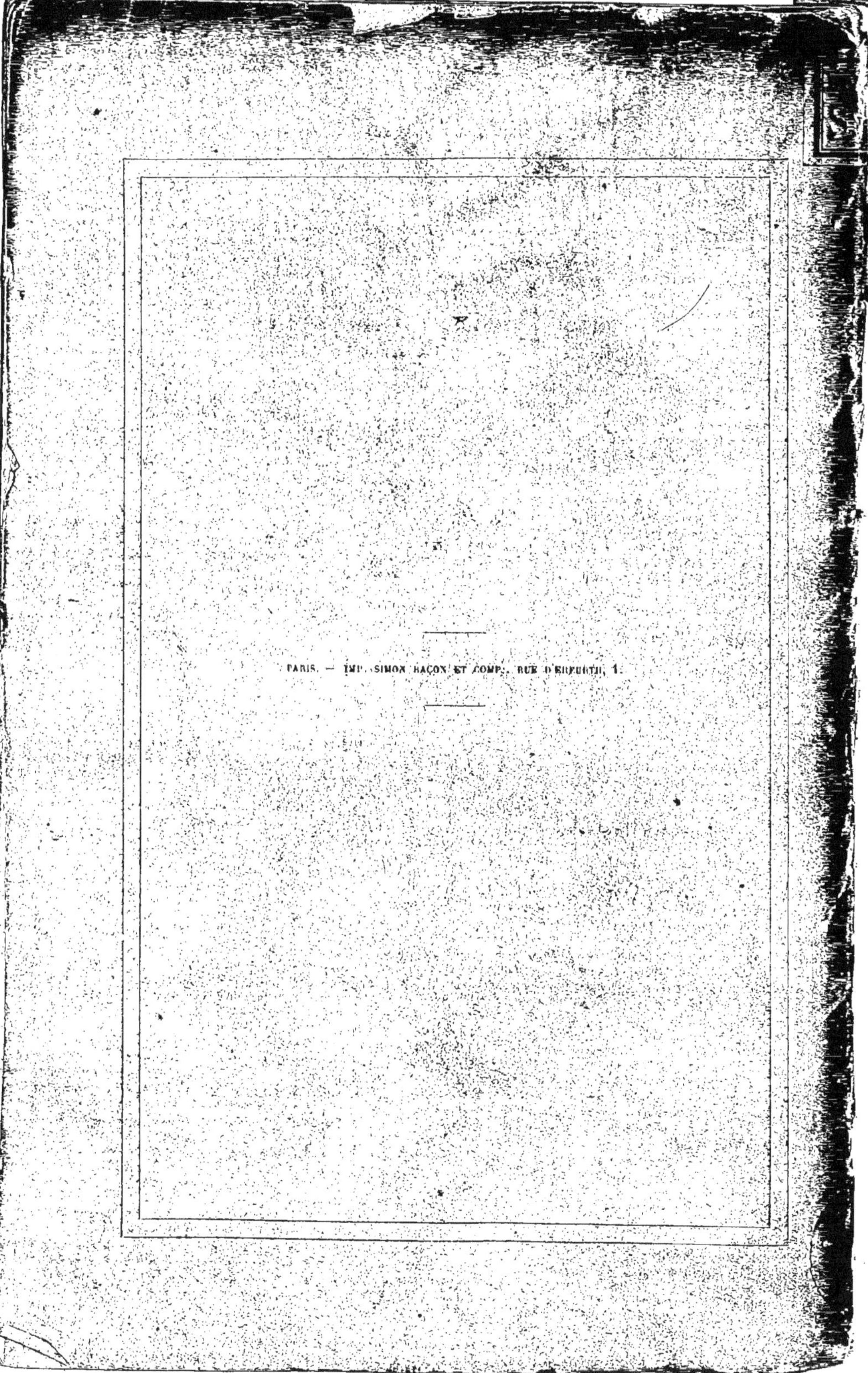

PARIS. — IMP. SIMON RAÇON ET COMP., RUE D'ERFURTH, 1.

www.ingramcontent.com/pod-product-compliance
Ingram Content Group UK Ltd.
Pitfield, Milton Keynes, MK11 3LW, UK
UKHW012224240726
13966UKWH00003B/930

9 782013 028035